轨道交通工程安全文明施工标准化图册

济南轨道交通集团有限公司　编著

中国建筑工业出版社

图书在版编目（CIP）数据

轨道交通工程安全文明施工标准化图册 / 济南轨道交通集团
有限公司编著 . —北京：中国建筑工业出版社，2019.10
ISBN 978-7-112-24195-8

Ⅰ . ①轨… Ⅱ . ①济… Ⅲ . ①地下铁道 - 施工现场 - 标准
化管理 - 图集 Ⅳ . ① U231.3-64

中国版本图书馆 CIP 数据核字（2019）第 202720 号

责任编辑：付　娇　李玲洁
责任校对：张惠雯

轨道交通工程安全文明施工标准化图册

济南轨道交通集团有限公司　编著
*
中国建筑工业出版社出版、发行（北京海淀三里河路 9 号）
各地新华书店、建筑书店经销
北京建筑工业印刷厂制版
北京富诚彩色印刷有限公司印刷
*
开本：787×1092 毫米　横 1/16　印张：13¾　字数：308 千字
2019 年 11 月第一版　2019 年 11 月第一次印刷
定价：**98.00** 元
ISBN 978-7-112-24195-8
　　　（34696）

本 书 编 委 会

主　　编：王国富

副 主 编：杨一伟　路林海　王永军

顾　　问：吕　杰　陈思斌　王伯芝　蒋向波　潘　军　杨晓东　周建国

编　　委：（以姓氏笔画为序）

门燕青　王　楠　王文洋　井永军　卢晓波　刘　康　刘家海　刘瑞琪　孙立建

孙连勇　孙捷城　巫申祥　李克金　李俞凛　李海扬　李海燕　杨培盛　肖　刚

闫凡文　周　浩　赵炜光　胡永利　胡冰冰　桂茂君　高河宁　盛新征　商金华

韩　帅　韩　林　焦念辉　谭　军　潘颖晨

主编单位：济南轨道交通集团有限公司

参编单位：中国建筑第八工程局有限公司

中铁五局集团有限公司

中铁十局集团有限公司

中铁十四局集团有限公司

济南城建集团有限公司

序

近年来，随着我国城市化进程增速和轨道交通行业蓬勃发展，对地铁工程的施工管理及环境保护要求日渐提高，尽管安全生产标准一直稳步发展，但当前轨道交通工程安全文明施工管理形势依然严峻，施工现场往往存在管理依靠经验行事、施工作业不规范、标识标志不统一等诸多问题，对其进行标准化控制是解决工程安全文明施工管理的首要对策。

轨道交通工程安全文明施工标准化是对施工现场运用科学化管控手段，规范人的行为、物的状态、管理程序和机制，促使各项活动、作业工序、环节及岗位工作都有标准可循，在标准指导和约束下进行，实现对施工全过程和相关活动的全方位控制，营造良好舒适的生产、生活及办公环境和文明施工氛围，从而全面提升安全文明施工水平。

本图册通过总结多年安全文明施工标准化经验，紧密联系现场施工，图文并茂、简明扼要地说明作业场地、施工环节及安全控制的标准要求及注意事项，形象生动、操作性强，便于施工管理人员和作业人员学习应用。

本图册的出版，将促使轨道交通工程参建各方更好地加强施工现场安全文明管理和标准化水平，对地铁工程技术人员及研究人员具有重要指导和借鉴作用。

中国工程院院士

2019 年 10 月

前　言

为更好地贯彻落实安全生产"以人为本，安全第一，预防为主，综合治理"的方针，进一步提高施工现场安全生产管理和文明施工标准化水平，促进轨道交通工程绿色施工，根据《中华人民共和国建筑法》、《建设工程安全生产管理条例》和《济南市建筑工程文明施工若干规定》等有关安全生产法律、法规、标准、规范，结合济南市轨道交通现场实际情况编制了该套图册。

本图册涵盖了施工现场标准化管理，安全防护，机械机电设备，工程、监测、消防管理，绿色施工，掘路管理，道路养护和安全标志等内容。生产区、生活区和办公区宜按图册标准设置各类设施；安全防护中的洞口防护、临边防护、移动式脚手架、移动式操作平台等符合规定；施工用电设施须严格按照规定布设；起重机设备的安装、使用、保养维修、拆卸等施工活动必须严格遵守相关的安全技术标准；隧道内应按标准布置地铁隧道工程的各类设备；施工现场须配置消防器材，完善消防系统并定期进行消防演练；贯彻落实绿色施工各项规定，实现节能、节地、节水、节材和环境保护；掘路和道路养护作业应按相关规定合理安排工程前、中、后期的管理工作；施工现场所有安全标志应严格按照国家标准设置。图册在遵循国家现行的有关标准、规范的前提下，采取了图文并茂的方法，简明扼要，旨在帮助工程参建各方更好地加强施工现场的安全文明管理工作，提高建筑工程安全文明施工水平，实现"强化安全文明施工，提升建筑行业形象"的目标。参建各方在采用本图册时，首先应遵守标准、规范的要求，并提倡创新，鼓励企业采取更科学、更安全、更具操作性的安全防护措施。

本图册在编写的过程中，得到了有关施工企业和专家的大力支持，在此表示感谢！

鉴于时间仓促，编者水平有限，图册中难免会有不妥之处，恳请读者提出宝贵意见，以便进一步完善。

编者

2019 年 10 月

C o n t e n t s
目录

09 消防管理 ……………………………… 135

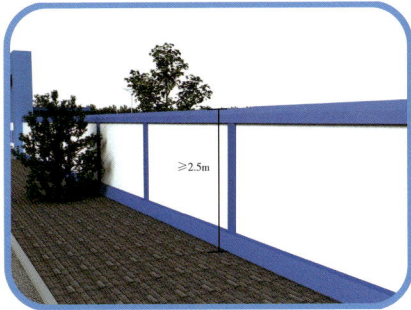

01

生产区

1.1 工地大门

1. 施工现场出入口宜设置两个，出入口应设置大门。工地大门的设置，应稳重、美观，柱头做法可灵活设置。

2. 工地大门门柱及门楣采用彩钢板或铝塑板饰面；门柱、门扇的尺寸规格应从纵横比例整体协调、美观和车辆、工程器械、材料进出大门方便安全等方面综合考虑。主要出入口大门净高（门柱高度）不应小于4m，净宽宜6～8m，门柱截面尺寸不应小于0.8m×0.8m。

3. 大门可采用折扇式或电动伸缩式。大门门轴的安装，应采用预埋件或其他牢固可靠的安装形式，确保门轴或铰链有足够的锚固力。

4. 大门色调各施工企业根据自身企业CIS要求设置，但各企业必须统一。门楣上设企业标志、企业名称及承建项目名称，如图1.1所示。

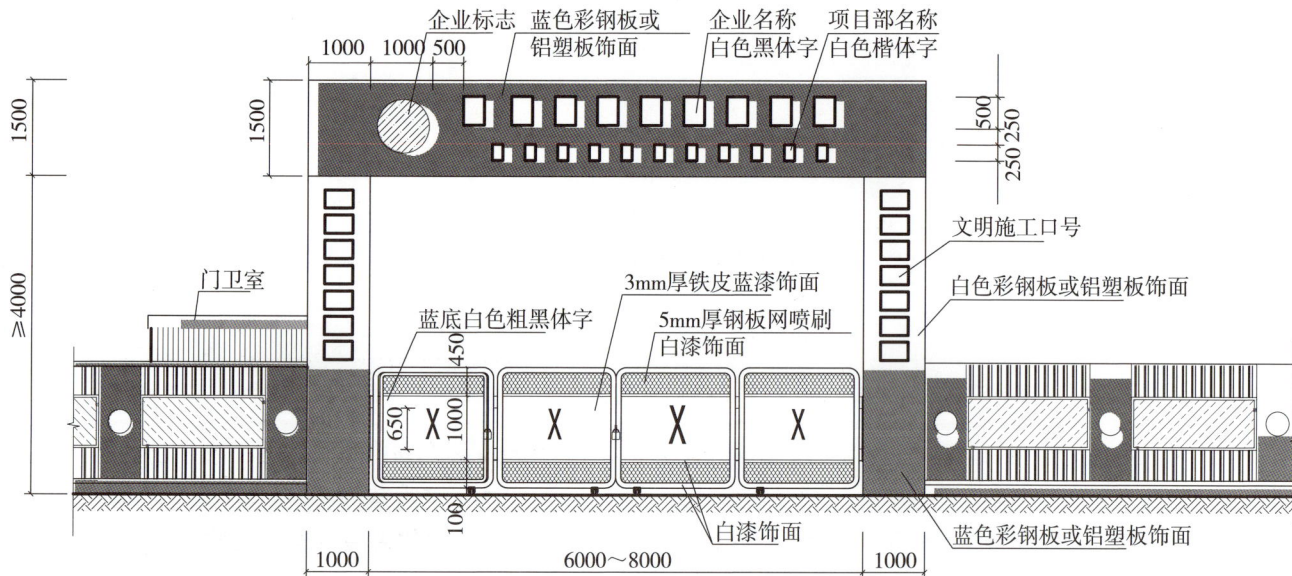

图 1.1 工地大门示意图（单位：mm）

1.2　现场围挡

1.2.1　围挡设置要求

1. 围挡材料宜选用定型化彩色钢板。

2. 当车辆交通情况不允许设置连续围挡时，须采用统一的连续性护栏设置围挡，达到文明、美观的效果。

3. 施工围挡在相邻路口之间须连续设置，不能有除出入口之外的缺口。确因交通疏导需要设置过往车辆、行人通道时，可根据现场情况增设工地出入口，并设置明显的施工警示标志及人行安全通道。在出入口处两侧各设置 3 组白色方格状透空式围挡。抗风能力达八级以上，所有设置上须设置主动发光和被动发光的施工安全警示装置。

4. 因特殊情况不能进行围挡或因安全需要围挡低于规定高度的，须在工程开工前（抢修工程 24h 内）报当地相关部门，经同意后采取必要的隔离措施并设置警示标志。

5. 市政道路上开挖沟槽，须在沟槽外沿 1.5 倍沟宽处（或批准位置）设置围挡，并配有光电一体化警示装置。

6. 施工围挡上应明确工程类型，如自来水施工、热力管线施工、燃气施工等，间隔距离不应小于 20m。

7. 围挡内外应保持整洁，禁止堆放物料、工具等，禁止用围挡做挡土、挡水墙。

8. 工程完工后，在确保安全的情况下，施工单位须拆除施工现场的所有临时设施，及时清场，做到工完、料净、场地清。

1.2.2　施工现场围挡

1. 市区主要路段建筑工地的围挡总高度不应小于 2.5m，一般路段的围挡高度不应小于 2.0m，如图 1.2 所示。

图 1.2　主要路段围挡

2. 围挡的材料宜采用定型化彩色钢板，对于施工周期较长的，可根据实际情况采用砖砌围挡。

3. 使用定型化彩色钢板围挡，其面层钢板厚度不低于 0.8mm，钢板背面应设置龙骨，龙骨宜为 50mm×50mm×3mm 的方钢，间距不大于 1m×1m；围挡固定立柱使用不小于 80mm×80mm 的方钢，彩钢板颜色为蓝白相间，比例为蓝：白＝3：1，如图 1.3 所示。

4. 道路沿线施工彩钢板围挡的基座可采用移动式预制混凝土基座。预制块中间预留 100mm 直径孔洞，如图 1.4 所示。

5. 采用砖砌围挡，围挡下应设稳固基础，并根据围挡长度在适当位置加设加固砖垛，围挡顶部设置砖砌或混凝土分水压顶，砖砌围挡可抹灰并使用与周边环境相符合的外墙装饰材料，围挡的色彩及砌筑风格应与周边环境相符合。

6. 围挡宜设置宣传公益广告、文明城市等内容。

1.2.3　透视围挡

1. 距离交通路口 20m 范围内占据道路施工设置的围挡，其 0.8m 以上部分应采用透视围挡，并应采取交通疏导和警示措施。

2. 透视围挡采用钢管和定制铁丝网模块组成。

3. 透视围挡用于对通视范围有要求的区域，如道路交叉路口、人行横道线等地段，如图 1.5 所示。

图 1.3　定型钢板围挡

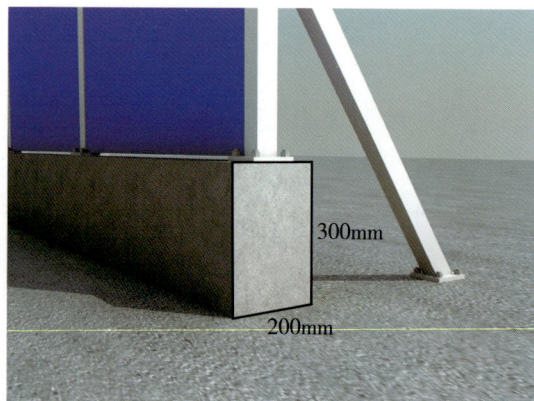

图 1.4　预制混凝土基座

图 1.5　透视围挡

1.3　门卫室

1. 门卫室位于施工区大门出口内侧，可根据现场因地制宜进行设置现浇结构及板房结构门卫室。结构应安全可靠、外表整洁美观。

2. 门卫室设置踢脚线，高 200mm，宜采用蓝色饰面。

3. 门窗采用铝合金或塑钢门窗，门尺寸宜为 900mm×2000mm，窗尺寸宜为 1100mm×1100mm。

4. 门卫值班室门口上方张贴"门卫室"标牌，室内张贴门卫岗位职责牌、管理制度牌，如图 1.6、图 1.7 所示。

5. 实行人员出入登记和门卫人员交接班制度，门卫室应置备宾客用安全帽存放柜（架），存放一定数量的安全帽。

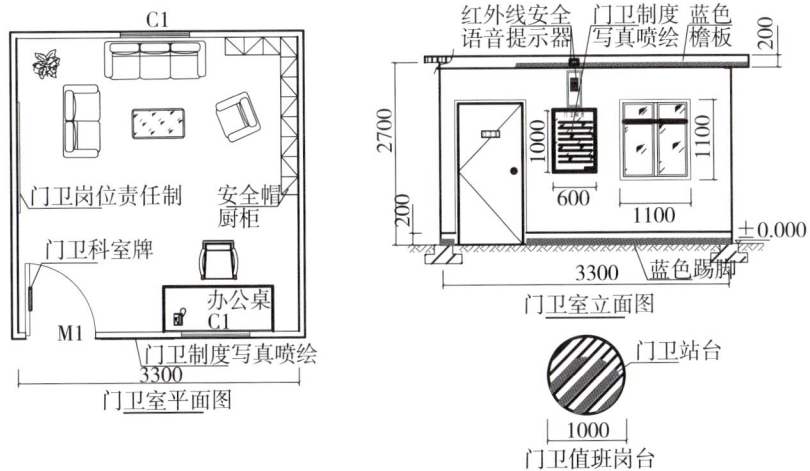

图 1.6　门卫室示意图

图 1.7　门卫室效果国

1.4　视频监控系统与门禁系统

1．施工现场需安装视频监控系统，对作业现场进行实时监控，并通过网络通信技术与安全（生产）监督管理部门共享视频信息。

2．工程项目部应实行平安卡管理制度，职工凭平安卡进出门禁通道，如图 1.8 所示。门禁系统上方设置显示屏，实时显示进入现场施工人员数据统计。

3．监控系统需覆盖施工现场主要区域，应在施工现场出入口、道路、材料堆放区、加工区、塔机、办公生活区、站台轨行区、竖井口及人行下井通道口设置监控探头，如图 1.9 所示。

图 1.8　门禁通道

4. 现场设置网络室，将主要监控设备放置其内。安全部、门卫值班室设监控显示器。

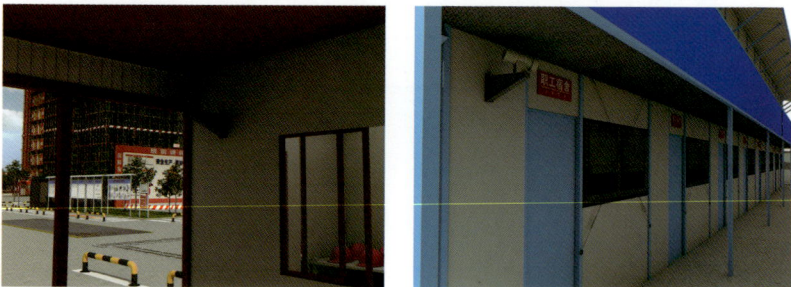

图 1.9   施工现场监控

1.5   出入证

1. 进入施工现场的人员都应佩戴出入证，整齐统一。出入证内容应包括：照片、单位、姓名、职务、部门、工种、编号等。

2. 除员工出入证外，还应设置临时出入卡，存放在门卫室与安全帽一起请来宾佩戴，出工地后收回。

3. 卡芯的设计应体现企业特色，建议使用 210 克铜版纸。

4. 出入证尺寸宜为 100mm×70mm，如图 1.10 所示。

图 1.10   出入证

1.6   导向牌、警示镜

1. 各种标志标牌应根据现场有针对性贴挂。

2. 导向牌放置在门卫室内侧，醒目整洁。

3. 警示牌与警示镜设置在工地入口处。

4. 专人负责，定时擦洗，保持洁净，如图 1.11、图 1.12 所示。

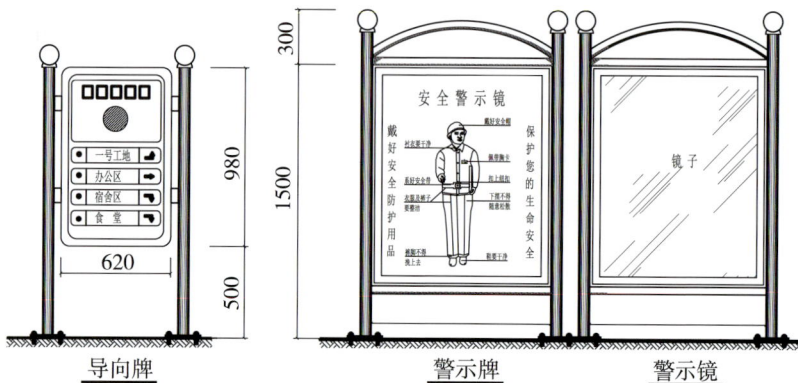

图 1.11   导向牌、警示牌示意图（单位：mm）

图 1.12   导向牌、警示牌效果图

1.7　七牌两图

1. 主要出入口处应设置"七牌两图"，即工程概况牌、工程目标牌、管理人员名单及监督电话牌、消防保卫牌、安全生产牌、文明施工牌、入场须知牌、施工现场总平面图、建筑工程立面图。如图 1.13。

2. 七牌两图位于工地大门内适当位置，按顺序一字排开，图牌尺寸为 1.5m×1.2m（高×宽），图牌距离地面高度为 0.5m。图 1.14 所示。

3. 图牌采用不锈钢平直板材，外装 5mm 厚有机玻璃，不锈钢框架支撑，顶部阳光板棚，并统一制作支架，支架下设基础，确保图牌稳固。

4. 标牌内容有针对性，制作标挂应规范整齐、字体工整。

5. 企业可根据实际情况适当增加，格式统一。

图 1.13　七牌两图效果图

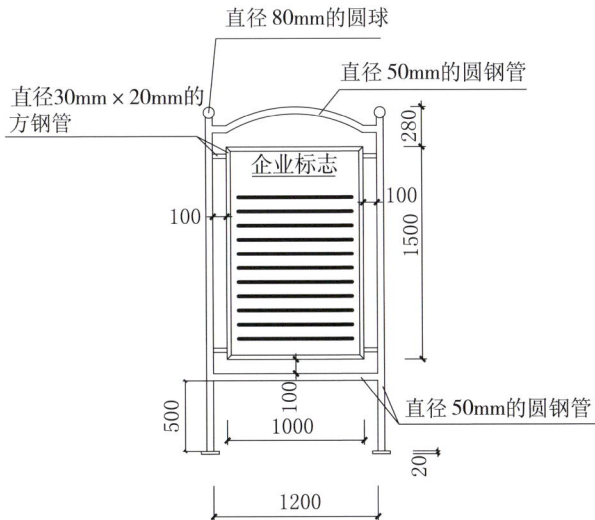

图 1.14　七牌两图示意图（单位：mm）

1.8　四牌两栏

1. 四牌两栏固定在施工现场内路边或路口适当位置，即危险作业每日告示牌、事故案例牌、安全奖罚牌、安全生产日历牌、宣传栏、阅报栏。出专人负责，及时更新，整齐洁净，内容丰富。如图 1.15、图 1.16 所示。

2. 标牌内容有针对性，制作标挂应规范整齐、字体工整。

3. 企业可根据实际情况适当增加，格式统一。

4. 不锈钢材料制作，正面采用 5mm 厚有机玻璃，背面采用五合板镶嵌，带锁。

图 1.15 四牌两栏效果图

1.9 其他公示牌

1. 在施工现场醒目位置应设置五方责任主体法人代表授权书、工程质量终身责任承诺书、施工单位项目管理人员、监理单位项目管理人员公示牌。

2. 公示牌应与场地内其他公示牌的规格、样式一致,并应排放有序。公示牌应采用防水、耐老化材料制作。照片应印刷在相应位置,不应采用粘贴方式。

1.10 道路硬化

承包人应对施工场区内的临时房屋、内外地坪、道路、仓库、

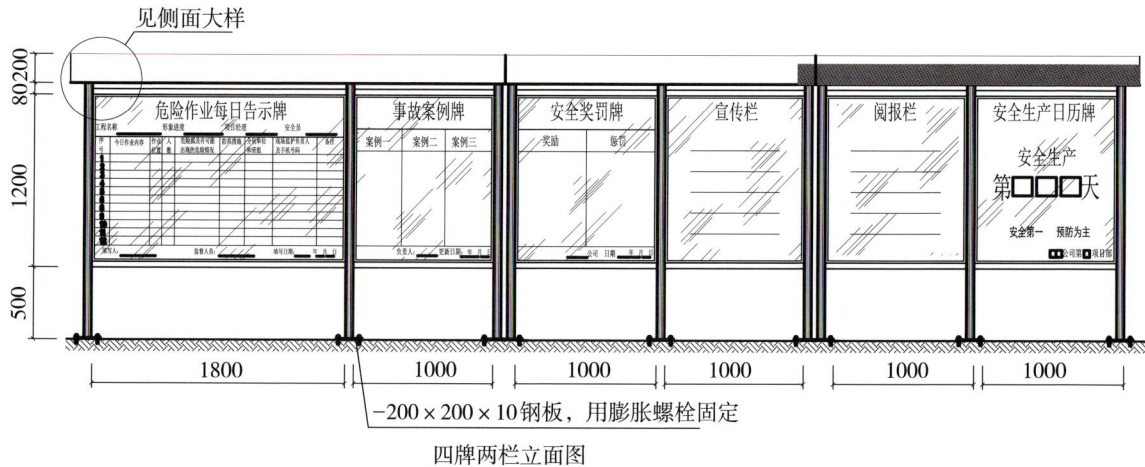

图 1.16 四牌两栏尺寸图(单位:mm)

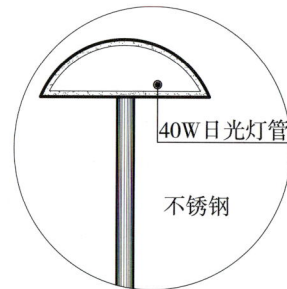

加工场、材料场、基坑四周均进行场地硬化。

1. 施工现场主要出入口地面必须浇筑混凝土进行硬化处理，其长度要求为向内能接通场内路网，向外应接通市政道路。主干道路宽度不应小于 6m，一般道路宽度不应小于 4m，并应形成路网与主干道路相连。

2. 生活区和办公区的人行道路应铺设宽 1.5m 以上的路面，有条件的应形成路网。

3. 仓库、材料堆放场、钢筋加工场、木材加工场、搅拌场、垃圾堆放场以及卷扬机操作棚等生产区域必须进行硬化处理，宜采用符合规范标准的混凝土浇筑，场地应按要求设置排水沟。

4. 施工现场内应设置临时消防车道，临时消防车道与在建工程、临时用房、可燃材料堆场及其加工场的距离不宜小于 5m，且不宜大于 40m；施工现场周边道路满足消防车通行及灭火救援要求时，施工现场内可不设置临时消防车道。临时消防车道、环形临时消防车道、临时消防救援场地的设置应符合《建设工程施工现场消防安全技术规范》GB 5725 的相关要求。

5. 施工现场应设置排水设施，且排水通畅无积水，所有雨污水经沉淀后排入市政管道。

6. 施工现场除按上述要求

进行硬化处理之外，还有非硬化地面的区域，应进行平整并绿化，如图 1.17 所示。

7. 按照节能和环保的要求，具备条件的施工现场推荐使用预制混凝土块或钢板铺装路面。

1.11 便桥

1. 主要用作方便行人在场地内行走，如图 1.18 所示。

2. 适用于跨度小于 4m 的沟槽或基坑。

3. 便桥宽 2m，桥面铺钢板，应适当焊接防滑钢筋。

4. 两侧护栏按照栏杆防护标准制作，平台根据实际情况和荷载进行设计制作，确保牢固可靠。

图 1.17 空地绿化

图 1.18 便桥效果图

5. 便桥与警告牌、企业标志、标语等配合使用，夜间应设置红色警示灯，并定期进行安全检查。

1.12　材料存放

1. 施工现场工具、构件、材料的堆放必须按照总平面图规定的区域放置。

2. 各种材料、构件的堆放必须按品种、分规格堆放，并设置标识标牌，如图 1.19 所示。

3. 各种材料的堆放必须整齐，要做到"散材成方、型材成垛"，

大型工具应一端对齐，钢筋、构件、钢模板等应堆放整齐且应垫起，袋装水泥存放应设专用库房，并有防潮、防雨措施。

4. 作业区及建筑物楼层内，应随完工随清理。建筑垃圾及时清运，临时存放于现场的也应集中堆放、悬挂标牌，并定期清运。建筑垃圾必须日产日清，并采用封闭式管道或装袋后用垂直升降机械清运，设置垃圾存放点集中堆放并严密覆盖，严禁凌空抛掷和焚烧垃圾。施工工地产生的渣土原则上应及时外运。

5. 易燃易爆物品不能混放，必须按规定存放，专人负责，确保安全，如图 1.20 所示。

6. 建立材料收发管理制度，当天未用完应当天归还入档。

图 1.19　材料分类

图 1.20　危险品专门存放

1.13　材料标识

1. 标示牌应按相应统一规格设置（或按地方有关规定执行），如图 1.21、图 1.22 所示。

图 1.21　材料标识牌效果图　　图 1.22　材料标识牌尺寸图

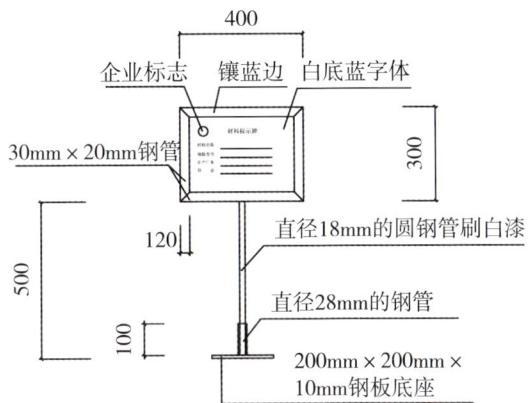

2. 标示牌制作材料选用金属材料。

3. 各种物料堆放必须设置材料状态标示牌；存放应设专用库房，按规定排放，并有防潮、防雨、放火、防尘措施。

1.14　休息室

1. 施工现场必须设不小于 15m² 休息室；必须设置饮水处，保障饮用水的供应满足需求，如图 1.23 所示。

图 1.23　休息室

2. 饮水处应设置专人管理；施工人员严禁喝生水和共用一个器皿饮水。

1.15　木工操作棚

1. 木工棚宜采用封闭式。

2. 木工操作棚两侧可用 1500～1800mm 高的白色压型彩钢板，宜采用隔音板，固定在两侧立柱外侧上，封闭底部，防止扬尘。

3. 木工棚高度与宽度应参照《建筑施工高处作业安全技术规范》JGJ 80并根据现场加工条件和工作需要确定，满足作业要求。塔吊回转半径内和建筑物周边的加工棚应设置双层硬质防护，上下层间距不小于700mm，如图1.25所示。

4. 木工操作棚顶面刷蓝白油漆，并悬挂安全警示标语。

5. 棚内挂有安全操作牌，棚外应有消防设施，如图1.24所示。

图 1.24　木工棚效果图

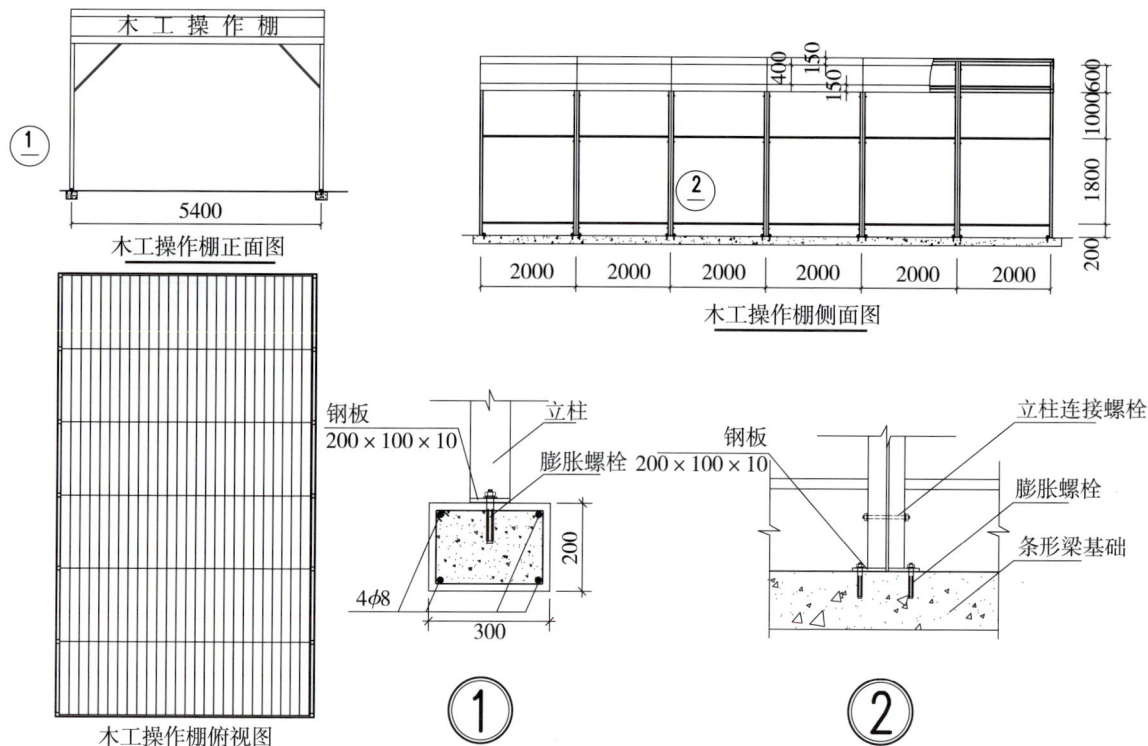

木工操作棚正面图

木工操作棚俯视图

木工操作棚侧面图

① 钢板 200×100×10
立柱
膨胀螺栓 200×100×10
4φ8
300
200

② 钢板
立柱连接螺栓
膨胀螺栓
条形梁基础

图 1.25　木工棚示意图（单位：mm）

1.16　搅拌机防护棚

1. 防护棚高度与宽度应根据现场加工条件和工作需要确定，满足作业要求。防护棚框架体系需采用型钢材料制成并拉接牢固，结构受力需满足计算设计。顶面应使用厚度大于50mm的木板、并覆盖防雨材料。处于高空坠物半径内或处于起重机臂杆回转范围之内时设置双层硬质防护，上下两层间隔不小于600mm，如图 1.26 所示。

2. 防护棚顶面四周刷蓝白油漆，并悬挂安全警示标语。

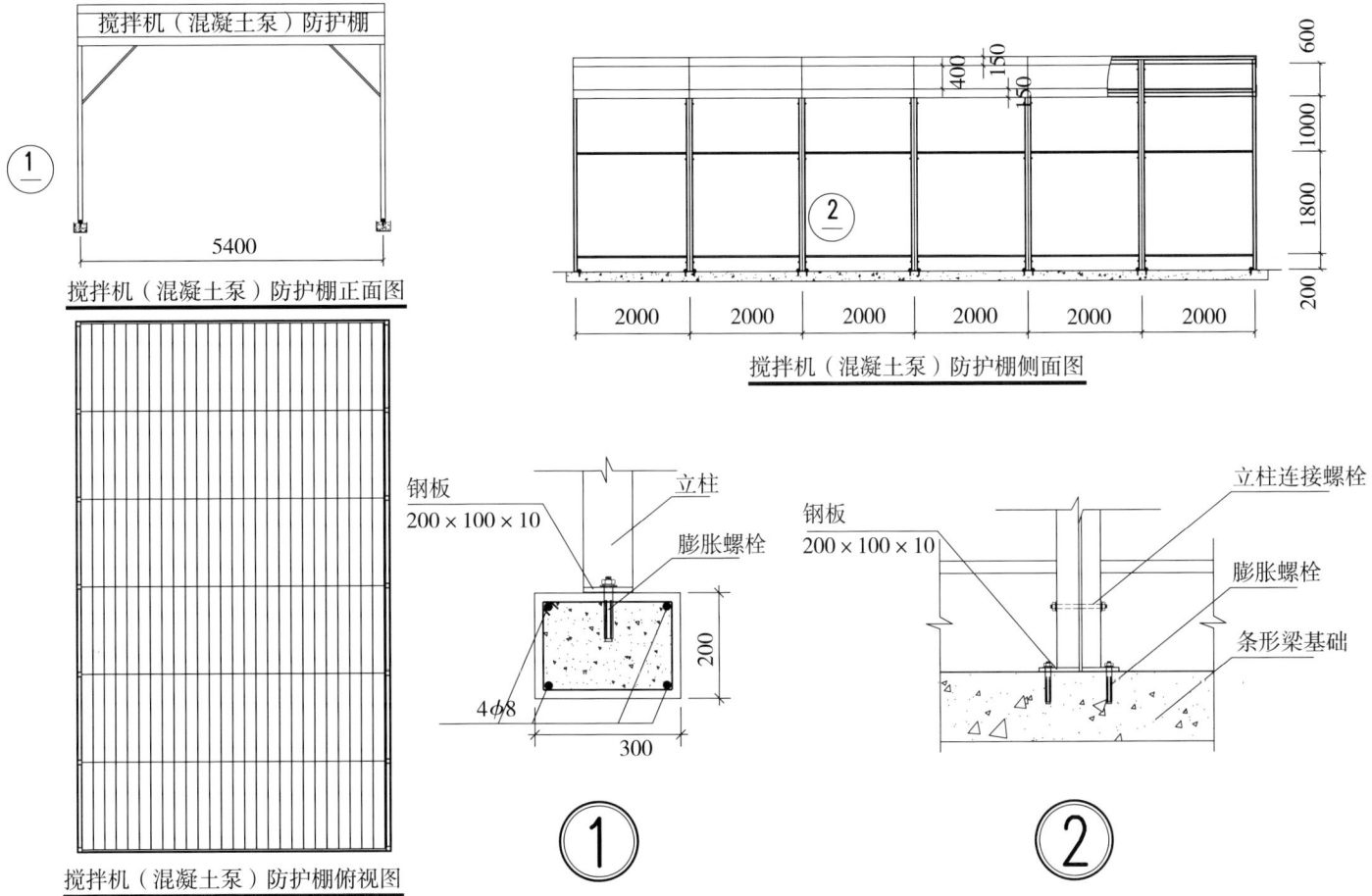

搅拌机（混凝土泵）防护棚

搅拌机（混凝土泵）防护棚正面图

5400

搅拌机（混凝土泵）防护棚俯视图

600
400
150
150
1000
1800
200

2000 2000 2000 2000 2000 2000

搅拌机（混凝土泵）防护棚侧面图

钢板
200×100×10
立柱
膨胀螺栓
200
4φ8
300

钢板
200×100×10
立柱连接螺栓
膨胀螺栓
条形梁基础

① ②

图 1.26 搅拌机防护棚示意图（单位：mm）

1.17　钢筋操作棚

1. 工具式钢筋加工棚搭设具体尺寸根据现场实际情况确定，如图 1.27 所示。

2. 搭设在塔吊回转半径和建筑物周边的加工棚必须设置双层硬质防护。

3. 加工棚地面需硬化，宜选用混凝土地面或预制混凝土板地面。

4. 加工棚顶部四周应张挂安全标语的横幅。

5. 工具式钢筋加工棚需在醒目处挂操作规程图牌及钢筋加工机械验收牌。

6. 加工棚顶部下层铺设彩钢瓦或压型钢板，上层铺设木跳板。

图 1.27　钢筋加工棚

02

生活区、办公区

2.1 基本要求

1. 生活区、办公区和施工作业区应分区设置，宜采用活动板房搭设，且应采取相应的隔离措施，并应设置导向、警示、定位、宣传等标识，如图 2.1 所示。

图 2.1 生活区、办公区和施工作业区分区设置

2. 施工现场主要临时用房、临时设施的防火间距应满足《建设工程施工现场消防安全技术规范》GB 50720 的相关规定。当办公用房、宿舍成组布置时，其防火间距可适当减小，但应符合下列规定：每组临时用房的栋数不应超过 10 栋，组与组之间的防火间距不应小于 8m；组内临时用房之间的防火间距不应小于 3.5m，如图 2.2 所示。当建筑构件燃烧性能为 A 级时，其防火间距可减少到 3m。

图 2.2 临时建筑间距要求

3. 办公区、生活区宜位于建筑物的坠落半径和塔吊等机械作业半径之外。临时建筑与架空明设的用电线路之间应保持安全距离。临时建筑不应布置在高压走廊范围内。

4. 周边设排水沟，场内平整无积水；雨水和生活污水经沉淀后排放。

5. 灭火器的类型、最低配置标准、配置数量和最大保护距离应满足《建设工程施工现场消防安全技术规范》GB 50720 的相关规定。

6. 临时建筑场地周边应设置消防通道，消防车道的净宽和净高均不应小于 4m，配置消防水源。

7. 临时建筑距易燃易爆、危险物品等危险源的距离不小于

16m，食堂用房与宿舍用房应分开设置。

8. 办公楼应美观规范、布置灵活、拆装方便。标准规格为双层、双楼梯。办公用房室内净高不应低于 2.5m，人均使用面积不宜小于 4m^2，会议室使用面积不宜小于 30m^2。

9. 建筑层数不应超过 2 层，每层建筑面积大于 200m^2 时，应设置至少 2 部疏散楼梯，房间疏散门至疏散楼梯的最大距离不应大于 25m。疏散走道和疏散距离应满足《建设工程施工现场消防安全技术规范》GB 50720 的相关规定。楼梯扶手高度不应低于 0.9m，外廊栏杆高度不应低于 1.1m，如图 2.3 所示。

图 2.3　防护围栏

10. 临时建筑采用结构可靠、可重复使用的多层轻钢活动板房等，建筑构件的燃烧性能等级应为 A 级，采用金属夹芯板材时，其芯材的燃烧性能等级应为 A 级。

11. 设置卫生间、淋浴房，同时设简易化粪池或集粪池，加盖并定期喷药，安排保洁员每日负责清洁，如图 2.4、图 2.5 所示。

图 2.4　化粪池定期清理

图 2.5　清理卫生

12. 在多台风地区对屋面宜进行加固，如图 2.6 所示。

13. 会议室、文化娱乐室等人员密集的房间应设置在临时建筑的第一层，其疏散门应向疏散方向开启。

2.2 生活区大门

1. 生活区与施工作业区应有明显划分，有隔离，有大门，如图 2.7 所示。

2. 生活区围挡高度为 1.8m，封闭管理。

图 2.6 台风地区加固

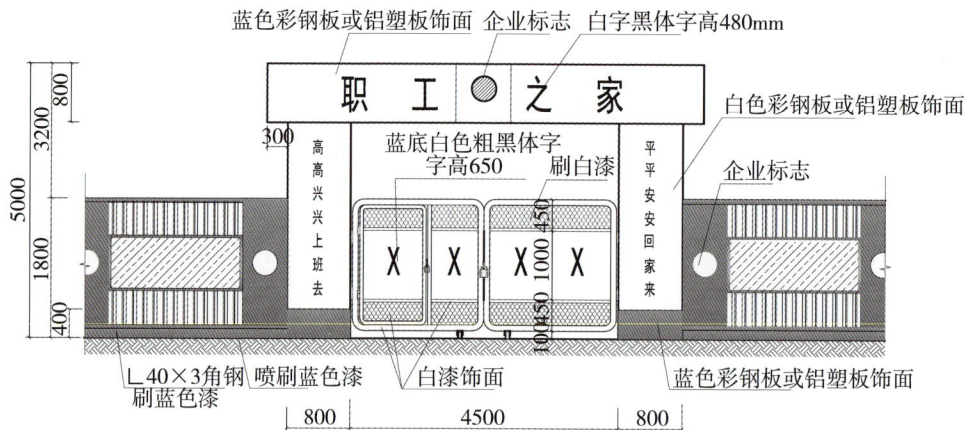

蓝色彩钢板或铝塑板饰面　企业标志　白字黑体字高480mm

白色彩钢板或铝塑板饰面

蓝底白色粗黑体字 字高650　刷白漆

企业标志

平安回家来

∟40×3角钢刷蓝色漆　喷刷蓝色漆　白漆饰面　蓝色彩钢板或铝塑板饰面

图 2.7 生活区大门（单位：mm）

2.3 职工宿舍

1. 工地的生活区必须与办公区和施工作业区有明显的划分，远离危险性较大的场所，宿舍之间应有足够的安全距离。

2. 宿舍区应设密闭式污物桶、污水池，房屋周围道路平整。

3. 施工现场宿舍必须设置可开启式窗户，宿舍内的床铺不得超过 2 层，严禁使用通铺，如图 2.8 所示。

4. 宿舍内宜配置生活用品专柜，宿舍门外宜配置鞋柜或鞋架，如图 2.9、图 2.10 所示。

5. 宿舍楼二楼及以上走廊栏杆底部必须设置 180 ～ 200mm 踢脚板，防止杂物掉落。

6. 员工（包括劳务工）宿舍应安装空调，宿舍内住宿人员

图 2.8　可开启式窗户

图 2.9　生活用品专用柜

图 2.10　鞋架

人均面积不应小于 2.5m²，室内净高不得低于 2.4m，通道宽度不得小于 0.9m，每间宿舍人数不得超过 16 人，且不得超过 6 人。

　　7．每个铺位床头统一布设两孔、三孔组合式插座，禁止私自拉设电线。

　　8．宿舍区（房前、楼道）需按标准配置消防器材、设施。

2.4　临建食堂

　　1．食堂宜采用单层结构，顶棚宜设吊顶。

　　2．操作间地面应贴防滑地砖。用砖砌时，内墙贴不低于 1.5m 的瓷砖墙裙，加工台、灶台、售饭窗及其周边应贴白瓷砖，高度不低于 1.5m，其余内外墙抹灰、刷白，安装纱门、纱窗，门扇下方设不低于 0.4m 的防鼠挡板。

　　3．操作间应设置冲洗池、清洗池、消毒池、隔油池；操作间油烟应经处理后方可对外排放。

　　4．食堂应配备机械排风和消毒设施；应设置密闭式泔水桶，设专人负责，及时清理，如图 2.11 所示。

图 2.11　泔水桶

5. 食堂工作人员必须身穿"三白"上班，并持有效健康证，卫生责任制度、工作人员健康证、餐饮服务许可证等必须张贴于售菜间墙上。食堂除餐厅外非炊事人员不得随意入内，确保食堂安全。

6. 食堂必须设有专职或兼职的食品安全管理人员。

7. 食堂与厕所、垃圾站等污染源的距离不宜小于 15m，且不应设在污染源的下风侧。

8. 食堂应设置独立的操作间、售菜（饭）间、储藏间和燃气罐存放间。

图 2.12　经化粪池沉淀后排放

2.5　临建厕所

1. 施工现场应设置水冲式或移动式厕所，厕所室内净高不应低于 2.5m。便槽及内墙面应贴 1.5m 高白瓷砖，地面应贴防滑地砖，地面确保不得积水。

2. 厕所的厕位设置应满足《建设工程施工现场环境与卫生标准》JGJ 146 的相关规定。

3. 厕所应设专人负责清扫、消毒，化粪池应做防渗处理，必须经沉淀池处理后方可排入市政管道，同时必须有盖板并定时清理，如图 2.12 所示。

4. 厕所平面尺寸可根据工程大小和现场情况而定。

5. 厕所蹲坑位设置宜高出地面 100 ～ 120mm，每个大便蹲坑尺寸为 0.9m×1.2m，独立小便斗间距为 0.8m。

6. 厕所可采取点熏香等措施，并由专人负责保洁工作，尽

可能减少异味，并张贴管理制度及保洁图牌。

2.6　浴室

1. 生活区应设置固定的男、女淋浴室。室内净高不应低于 2.5m，地面应贴防滑地砖。浴室分淋浴区和更衣区两部分，淋浴区四周设排水沟，确保无积水。

2. 淋浴间的淋浴器与员工的比例宜为 1：20，淋浴器间距不宜小于 1m，如图 2.13 所示。

3. 浴室墙体采用砖墙或彩钢复合板；顶板采用 100mm 厚瓦楞复合板，四面包 200mm 蓝色檐板。

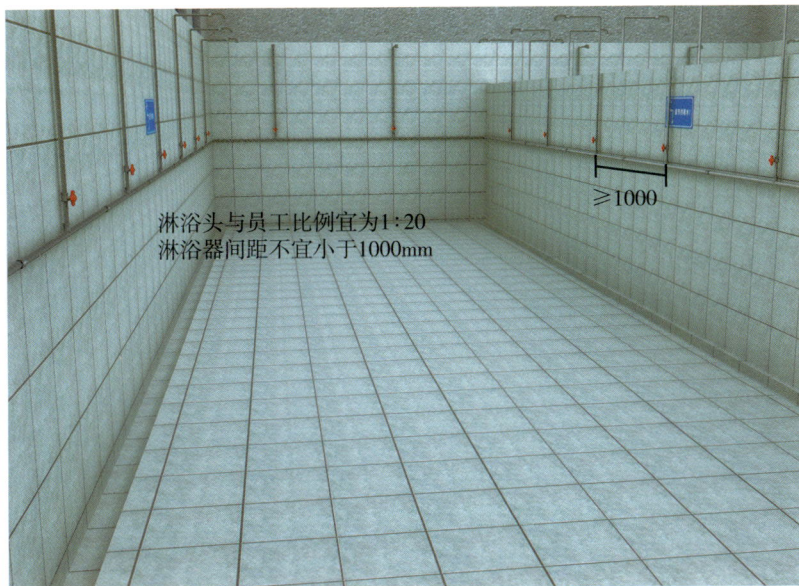

淋浴头与员工比例宜为1：20
淋浴器间距不宜小于1000mm

≥1000

图 2.13　淋浴间

4．门窗均采用塑钢门窗或铝合金门窗，男、女浴室设930mm×2000mm 单扇门。

5．浴室平面长度尺寸根据工程大小和现场情况决定。

6．施工现场淋浴室在寒冷季节应有暖气、热水，浴室应有良好的通风设施，配备专门的卫生保洁员，随时保持清洁，无异味，并挂设相应管理制度及保洁图牌。

7．浴室设置热水喷淋系统，需保证 24h 热水供应。推荐采用太阳能、空气能等新能源器具。

2.7　医务室

1．施工现场应设置医务室，医务室一般设在办公区内，室内面积一般不小于 15m²，如图 2.14 所示。

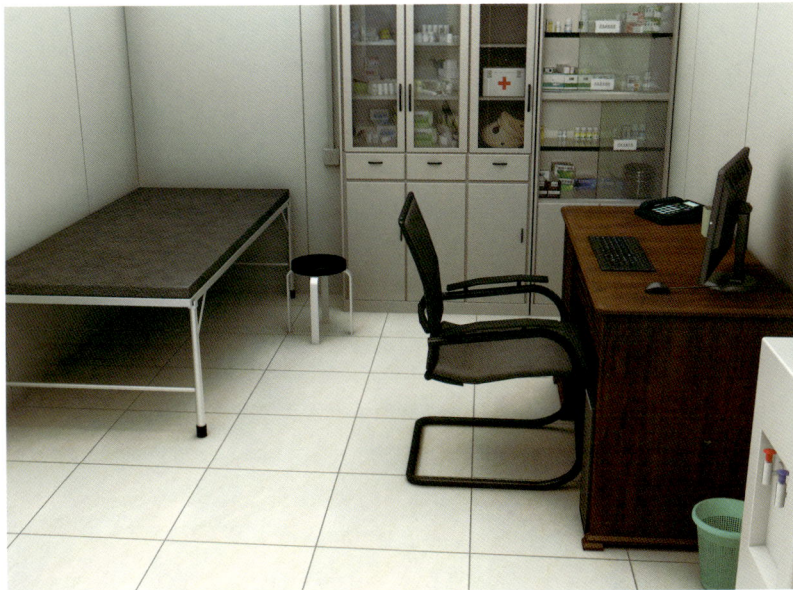

图 2.14　医务室示意效果图

2．医务室内配备担架等急救器材及止血药、绷带等其他常用药品，现场应配备急救人员，如图 2.15 所示。

3．急救人员应经过专门培训，具备有关急救常识，能对触电、中毒、高处坠落等意外伤害人员进行急救。

4．应开展经常性的卫生防疫和健康宣传教育，每年必须进行季节性防病、防护的宣传，通过黑板报、专刊的形式，供施工人员学习，并留下内业资料记录，如图 2.16 所示。

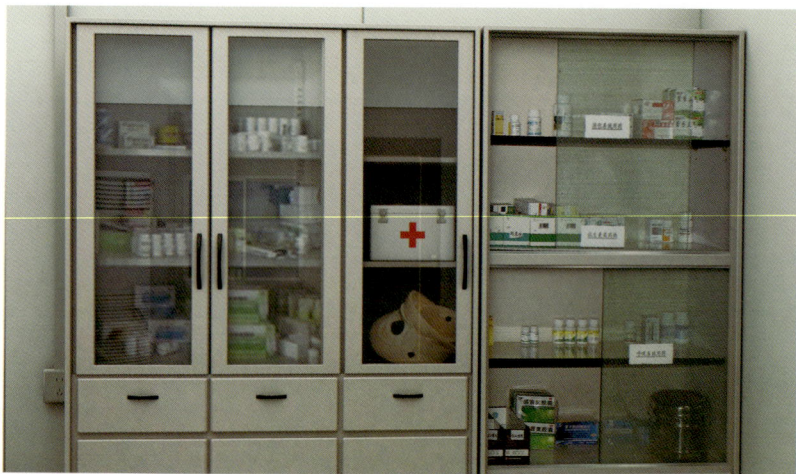

图 2.15　常用医疗物品

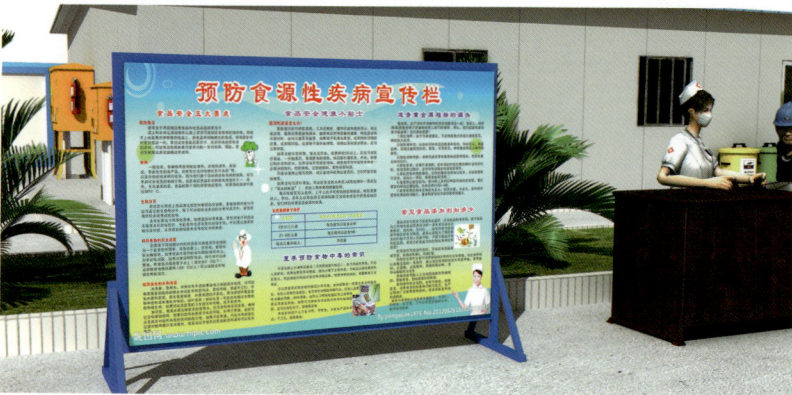

图 2.16　宣传教育

2.8　盥洗间、晾衣区

　　1.盥洗间应设置盥洗池和水嘴。水嘴与员工的比例宜为 1∶20，水嘴间距不宜小于 700mm，如图 2.17 所示。

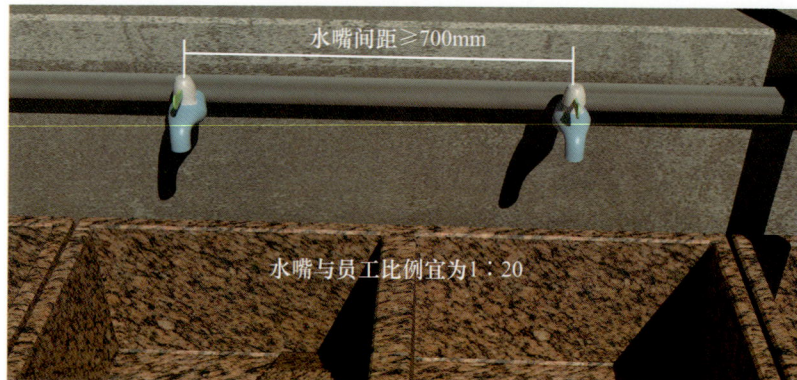

图 2.17　水嘴间距

2. 晾衣区设置要求：职工生活区内可设置集中的晒衣区，高度 1.8m 左右，并设置遮雨棚，其面积与未设置遮雨棚面积按 1∶1 设置。晾衣区应保证排水良好，地面可铺广场砖或铺碎石，如图 2.18 所示。

图 2.18　晾衣区

2.9　学习室、娱乐室

1. 在生活区内适当设置工人业余学习和娱乐场所。

2. 娱乐室、学习室平面长度尺寸根据工程大小和现场情况确定，室内净高度不少于 2.5m。

3. 学习室和娱乐室应配备电视、报纸、杂志等必备的学习娱乐用品，如图 2.19 所示。

图 2.19　学习室

2.10　会议室

1. 板房均使用拆装式活动彩板房，内芯为防火岩棉，基础为砖基础，室内外高差为 150mm。

2. 会议室图牌布置如下：

（1）五图：安全保证体系图、质量保证体系图、项目组织机构图、工程环保体系图、项目管理体系图；

（2）工程形象进度图；

（3）应设置电子显示屏、投影仪、音响设备；会议室面积、座位数、会议桌大小应明示。

03

安全防护

3.1　基本要求

1. 施工企业施工设施、设备和劳动防护用品的安全管理应包括购置、租赁、装拆、验收、检测、使用、保养、维修、改造和报废等内容。

2. 施工企业应根据生产经营特点和规模，配备符合安全要求的施工设施、设备、劳动防护用品及相关的安全检测器具。

3. 建筑施工企业各管理层应配备机械设备安全管理专业的专职管理人员。

4. 施工企业应建立并保存施工设施、设备、劳动防护用品及相关的安全检测器具安全管理档案，并记录以下内容：

（1）来源、类型、数量、技术性能、使用年限等静态管理信息以及目前使用地点、使用状态、使用责任人、检测、日常维修保养等动态管理信息；

（2）采购、租赁、改造、报废计划及实施情况。

5. 施工企业应依据企业安全技术管理制度，对施工设施、设备、劳动防护用品及相关的安全检测器具实施技术管理，定期分析安全状态，确定指导、检查的重点，采取必要的改进措施。

6. 安全防护设施应标准化、定型化、工具化。

3.2　"三宝"

"三宝"是指：安全帽、安全带、安全网，如图 3.1 所示。

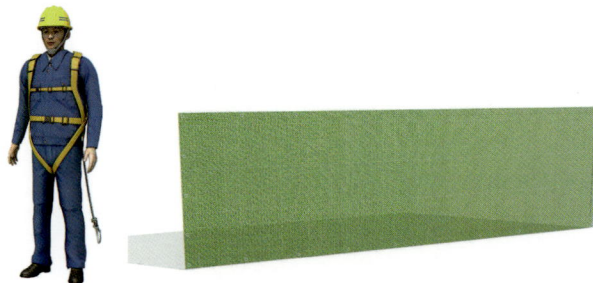

图 3.1　安全帽、安全带、安全网

3.2.1　安全帽

1. 进入施工现场的人员必须正确佩戴安全帽，安全帽质量应符合标准《安全帽》GB 2811 的要求。

2. 安全帽颜色：建设单位人员、上级领导及来访嘉宾为白色，勘察、设计、监理、第三方监测单位人员为蓝色，施工单位管理人员为红色，施工单位作业人员为黄色，特种作业人员为蓝色。特种作业人员需在安全帽侧面标注用 50 号红色字体注明工种如架子工、电工；安全员在侧面用 50 号红色字体标注"安全员"字样，如图 3.2 所示。

建设单位人员、上级领导及来访嘉宾

勘察、设计、监理、第三方监测单位人员

施工单位管理人员

施工单位作业人员

特种作业人员

图 3.2　安全帽颜色分类

3．安全帽具有出厂检验合格证，经验收合格后方可使用，如图 3.3 所示。

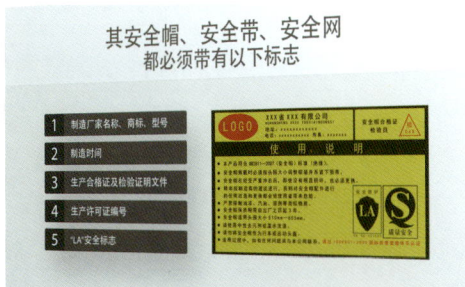

图 3.3　出厂合格证等

4．进入施工现场，必须佩戴安全帽。可在作业人员进出的主要通道口处设置安全警示镜，如图 3.4 所示，一般设置在大门入口处，进场作业人员通过对照安全警示镜，自行检查个人仪表、工衣的穿着和个人劳动防护用品的穿戴情况。进入施工现场的人员必须正确佩戴安全帽、系好下颚带，不得使用帽壳破裂、缺少帽衬、缺少下颏带的破损安全帽。

5．安全帽在佩戴时，水平间距的要求：帽箍与帽壳周围空间任何水平点间保持 5～20mm 距离。垂直距离的要求：头顶与帽壳内顶之间的垂直距离（不包括顶筋空间），塑料衬：25～50mm；棉织或化纤带：30～50mm，如图 3.5 所示。

6．安全帽的使用期：从产品制造完成之日计算。塑料帽、纸胶帽不超过两年半。玻璃钢（维纶钢）橡胶帽不超过三年半。企业安技部门根据规定对到期的安全帽，要进行抽查测试，合格后方可继续使用，以后每年抽验一次，抽验不合格则该批安全帽进行报废。

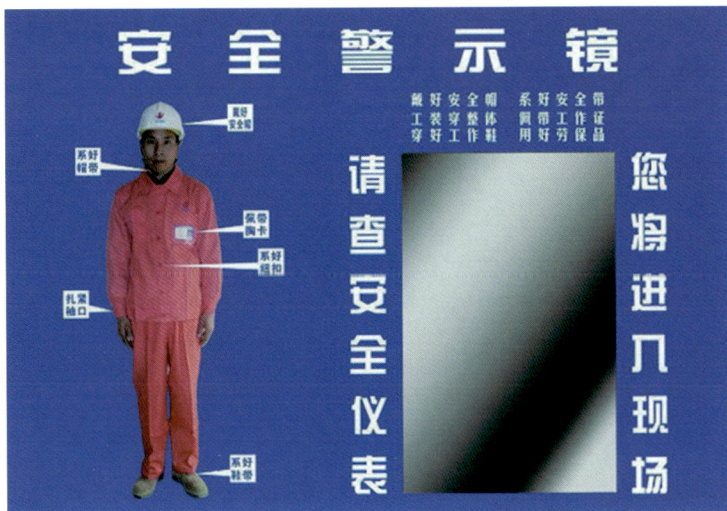

图 3.4　出入口设置警示镜

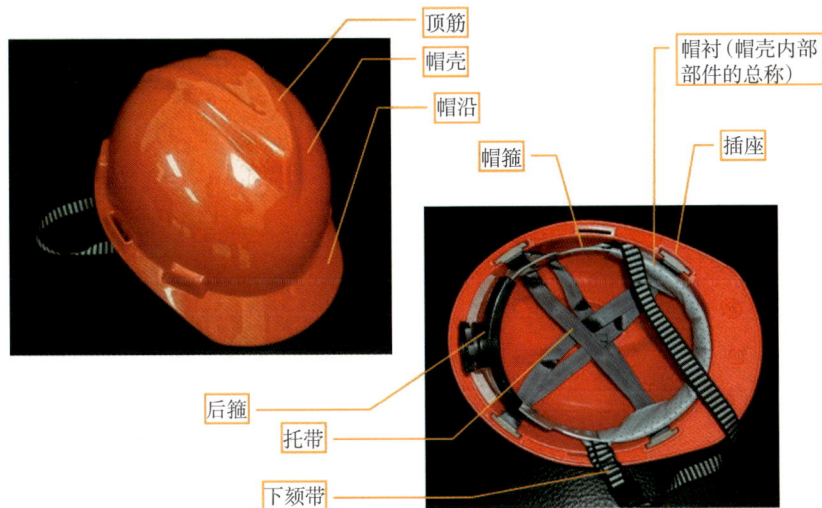

图 3.5　安全帽内部结构

3.2.2　安全带

1. 安全带必须有出厂检验合格证，并符合《安全带》GB 6095 的规定要求。

2. 安全带种类有：总双腰带式、双腹带式、悬挂双腰带式、悬挂单腰带式等，按规定选用。

3. 高处作业人员必须系挂安全带，安全带应高挂低用，注意防止摆动碰撞，使用 3m 以上长绳应加缓冲器（自锁钩用吊绳除外），如图 3.6。

4. 安全带各种部件不得任意拆除、不得擅自接长使用。

5. 缓冲器、速差式装置和自锁钩可以串联使用。

6. 不准将绳打结使用，也不准将钩直接挂在安全绳上使用，应挂在连

双肩式

全身背带式

图 3.6　安全带高挂低用

接环上用。

7. 安全带上的各种部件不得任意拆掉。更换新绳时要注意加绳套。

8. 安全带使用两年后，按批量购入情况，抽验一次。围杆带做静负荷试验，悬挂安全带冲击试验时，若不破断，该批安全带可继续使用。对抽试过的样带，必须更换安全绳后才能继续使用。

9. 使用频繁的绳，要经常做外观检查，发现异常时，应立即更换新绳。安全带使用期为 3～5 年，发现异常应提前报废。

10. 安全带进场应提供生产日期、生产许可证、产品合格证、检验证。安全带应有进场验收，发放记录。

3.2.3　安全网

1. 密目式安全立网

（1）安全网使用符合《安全网》GB 5725 的相关规定。

（2）必须有出厂检验合格证。

（3）《建筑施工安全检查标准》JGJ 59 规定建筑施工现场使用的网目密度不低于 2000 目/100cm^2。并具有抗冲击、耐贯穿、阻燃性能，如图 3.7 所示。

（4）张挂安全网要搭边连接，不留空隙，采用系绳或铁丝等材料穿过开眼环扣连接。

（5）开眼环扣，环扣间距应不大于 0.45mm。

（6）安全网张挂严密，四周紧绷绑定。

2. 安全平网

（1）每根系绳都与支架系结，四周边绳（边缘）与支架贴紧；

图 3.7　安全网符合规范要求

第二组数字代表生产企业所属的省级行政地区的区划代码；第三组的前三位数字代表产品的名称代码，后三位数字代表获得标识使用授权的顺序。

（2）施工现场使用安全网产品，实施抽样检测制度，检验项目包括：耐冲击性能、耐贯穿性能、阻燃性能以及网目密度等外观检测。安全网使用单位应健全落实采购、验收、保管、发放、使用、报废等管理制度。在施工现场设立安全网采购和使用的台账，台账上记录的各款安全网，应能提供特种劳动防护用品安全标志、产品质量证书、抽样检测报告、销售单位相关资料等凭证材料。

施工作业层满铺脚手板、下部设水平安全网，竖直方向每隔 10m 设置一道水平安全网，如图 3.8 所示。

（2）系结符合打结方便，既连接牢固又容易解开，且工作中受力后不会散脱；

（3）内挂式安全平网网面保持水平，并与墙体及网体最大间隙不超过 100mm。

3．安全网采购、使用管理

（1）采购安全网产品，应认明该产品由国家安监总局核发和监督管理的特种劳动防护用品安全标志证书和安全标志标识及编号和有效性。编号的第一组数字代表获得标识使用授权的年份；

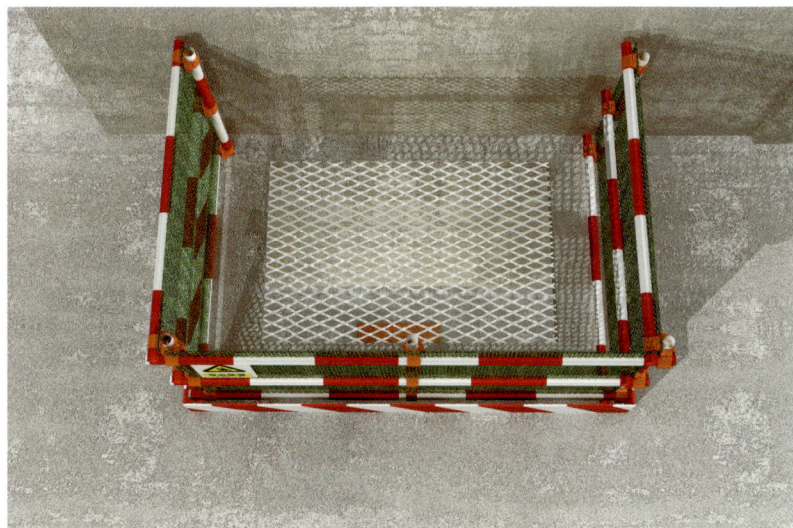

图 3.8　作业层下方设安全平网

3.3　洞口防护

3.3.1　一般洞口防护

1．桩（井）口安全防护

（1）桩（井）开挖深度超过 2m 时，必须搭设临边防护，如图 3.9 所示。洞口防护应满足《建筑施工高处作业安全技术规范》JGJ 80 相关要求。

（2）桩（井）口设置盖板进行覆盖。盖板四周采用 L30mm×30mm×1.6mm 角钢设置，如图 3.10 所示，其余采用 ϕ 16 钢筋焊接，间距 150mm，盖板尺寸大于桩（井）口 300mm。

2．短边尺寸≤1500mm 的桩（井）口

（1）短边尺寸小于 250mm 但大于 25mm 的孔口，必须用坚实的盖板封闭。

（2）边长为 250～500mm 的洞口，可用竹、木等做盖板，盖住洞口，如图 3.11 所示。

图 3.9　洞口临边防护、桩（井）口盖板

图 3.10　孔口防护

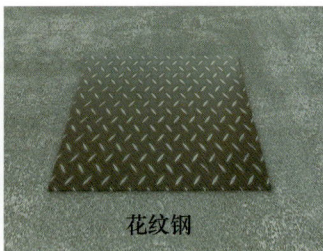

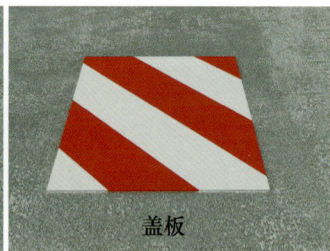

| 木板 | 模板 | 竹笆片 | 花纹钢 | 盖板 |

图 3.11　洞口由竹、木等做盖板

图 3.12 网格间距不大于 200mm

图 3.13 短边尺寸大于 1500mm 洞口

（3）边长为 500～1500mm 的洞口，必须设置以扣件扣接钢管而成的网格，并在其上满铺竹笆或脚手板。也可采用贯穿于混凝土板内的钢筋构成防护网，钢筋网格间距不得大于 200mm，如图 3.12 所示。

3. 短边尺寸＞1500mm 的桩（井）口

（1）洞口四周搭设不低于 1200mm 高的防护栏杆，底部设置挡脚板并张挂水平安全网（钢丝网片）或采用木板全封闭，如图 3.13 所示。

（2）防护栏杆距离洞口边≥200mm。

3.3.2 预留洞口防护

1. 预留洞口防护设施宜采用定型化、工具化制作，并考虑可拆卸、再利用。

2. 楼板、屋面和平台等面上短边尺寸小于 500mm 但大于 25mm 的孔口，用木板制作成比实际洞口面积略大的盖板覆盖，盖板四周用水冲洗干净后用砂浆 45°进行护角，盖板上刷黄黑或红白警示油漆，如图 3.14 所示。

3. 边长为 500～1500mm 的洞口，可利用钢筋混凝土板内钢筋贯通构成防护网，网格小于 200mm；短

图 3.14 短边洞口防护

边超过 1500mm 的洞口，除封闭四周外还应设有防护栏杆，如图 3.15 所示。

图 3.15 边长为 500～1500mm 的洞口防护

3.3.3 通道口防护

1. 在施工现场规划的安全通道口上方，应设置防护棚，防止因落物产生的物体打击事故。通道、防护棚地面需硬化，宜选用混凝土地面或预制混凝土板地面。

2. 安全通道防护棚的尺寸大小必须严格按建筑物高度坠落半径范围进行搭设，宜采用双层防护，定型化、工具化制作，并考虑可拆卸、再利用，如图 3.16 所示。

3. 安全通道口的防护棚，棚顶两水平防护层间距 700mm，应满铺厚 50mm 的木板，或等效于同样防护功能的其他防护材料。通道两侧用密目式安全立网封闭。防护棚的空间净高应不低于

图 3.16 安全通道防护

3000mm。防护棚两侧与棚顶连接，其 1200mm 以下高度设两道水平连杆，立杆间距不应大于 1800mm。相关设置均应满足《建筑施工高处作业安全技术规范》JGJ 80 的相关要求。

4. 通道、防护棚两侧需悬挂 1500mm 高的宣传图牌。通道、防护棚顶部下层铺设彩钢瓦或压型钢板，上层铺设木跳板。

3.3.4 后浇带防护

1. 后浇带用木板封闭隔离。

2. 两侧设挡水坎，粉刷平直。

3. 刷红白色警示漆，如图 3.17 所示。

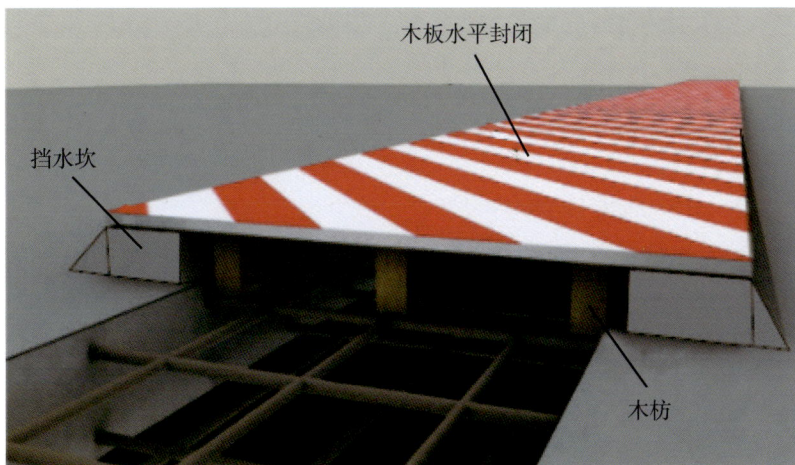

图 3.17　后浇带防护

3.3.5　人工挖孔桩防护

1. 井口周边必须设置不少于周边 3/4 范围的围栏，护栏高度不低于 1.2m，护栏外挂密目式安全网，并应设立醒目的警示牌，夜间应设红灯示警。

2. 孔口第一节混凝土护壁高出地面 250mm（厚度与护壁相同），在孔口处，混凝土出沿 400mm 宽，以防止地面水流入井内或脚踢杂物入孔内。孔口边 2m 范围内不得有任何杂物，挖土的土方必须及时运走，堆土应在井孔口边 2m 以外。机动车辆通行时，应做出预防措施或暂停孔内作业，以防挤压塌孔，如图 3.18 所示。

3. 孔口地面应设置好排水系统，以防积水向孔内回灌。如孔口附近出现泥泞现象必须及时清理。

4. 当桩孔挖至 5m 以下时，应在孔底面以上 3m 左右处的护壁凸缘上设置半圆形的防护罩，吊桶上下时，作业人员必须站在防护罩下面。

5. 施工用电必须由持证电工专管，各桩孔用电应独立配置功能齐全的分配电箱，严禁一箱多用和一闸多用。孔上电线、电缆必须架空、严禁拖地和埋压土中。孔内电缆、电线必须绝缘，并有防磨损、防潮、防断等保护措施。孔内作业照明应采用安全矿灯或 12V 以下的安全灯。

6. 每天开工前，应将孔内水抽干，并用鼓风机或大风扇向孔内送风 5min，将孔内浑浊空气排出，方可下人。

7. 爆破安全防护要求应满足《爆破安全规程》GB 6722 的相关规定。

图 3.18　人工挖孔桩洞口防护

3.4   临边防护

临边高处作业，必须设置防护措施，并符合下列规定：

1. 基坑周边，尚未安装栏杆或栏板的阳台、料台与挑平台周边，雨篷与挑檐边，无外脚手的屋面与楼层周边及水箱与水塔周边等处，都必须设置防护栏杆，如图 3.19 所示。

2. 首层墙高度超过 3.2m 的二层楼面周边以及无外脚手架的高度超过 3.2m 的楼层周边，必须在外围架设安全平网一道。

3. 分层施工的楼梯口和梯段边，必须安装临时护栏。顶层楼梯口应随工程结构进度安装正式防护栏杆。

4. 井架与施工用电梯和脚手架等与建筑物通道的两侧边，必须设防护栏杆。地面通道上部应装设安全防护棚。双笼井架通道中间，应予分隔封闭。

5. 各种垂直运输接料平台，除两侧设防护栏杆外，平台口还应设置安全门或活动防护栏杆。

3.4.1   基坑周边防护

1. 开挖深度超过 2000mm 的基坑，基坑周边 500mm 处设防护栏杆，防护栏杆高度不低于 1200mm，中间水平杆距地面 500 ～ 600mm，立杆间距不大于 2000mm。防护栏杆应满足《建筑施工高处作业安全技术规范》JGJ 80 相关要求。

2. 制作固定栏杆柱支座，用 $\phi 60$ 钢管与厚度为 6mm 钢板焊接而成，使用 $\phi 10$ 膨胀螺栓与基坑边结构固定，如图 3.20 所示。

图 3.19   临边防护

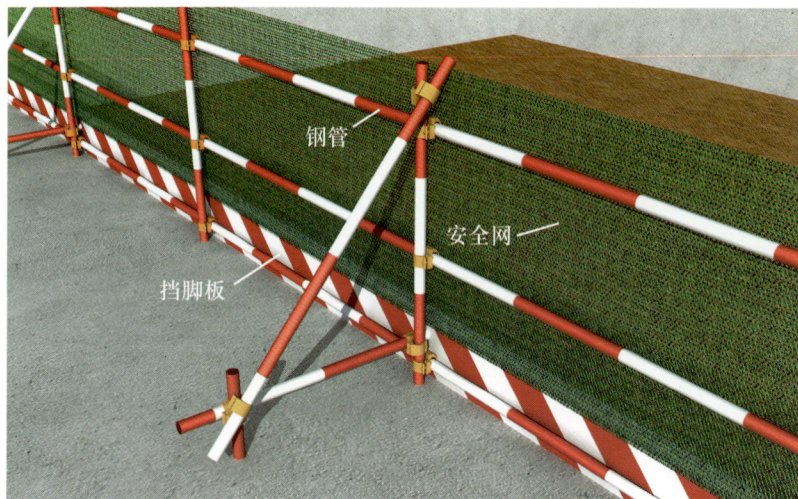

图 3.20   基坑周边临边防护

3. 防护栏杆应安装牢固，在栏杆任意位置均能经受任何方向的 1kN 外力。

4. 防护栏杆自上而下用密目网或钢板网片封闭，在栏杆上间隔 300mm 刷红白或黄黑相间安全色；栏杆下设挡脚板，挡脚板刷红白或黄黑相间斜条纹安全色。

5. 基坑周边地面应设排水沟。

3.4.2 深基坑临边防护

1. 基坑挡水墙应采用钢筋混凝土浇筑成型，宽度 200mm，墙顶高程较基坑周边最高点高 500mm 为基准，挡水墙应连续形成封闭，并刷黄黑相间警示色斜条纹；挡水墙应具有足够强度，与圈梁或硬化路面连接牢固，能够承受基坑施工时的机械意外撞击而不损坏，如图 3.21、图 3.22 所示。

2. 基坑护栏：外框为 1800mm×700mm 的方钢管（40mm×40mm×5mm）、底座为承插式方钢 30mm×30mm×2mm、护栏中间是 φ6 钢板网片，孔洞大小为 50mm。

3. 颜色要求：防护栏外框及网片均为黄色或红白色。

4. 安装要求：基坑防护栏采用承插式钢管固定于挡水墙基坑外边缘。厚 200mm×200mm×5mm 铁板，开 4 个直径 φ12 的孔，采用膨胀螺栓与挡水墙顶面连接，30mm×30mm×2mm 方管焊接在铁板上，方管开 φ12 螺栓洞，2 个护栏在顶部 50mm 处用 φ12 的螺杆连接。栏杆底座与挡水墙应连接牢固，整体构造使防护栏杆能经受 1kN 外力冲击。

5. 防护栏杆外侧应设置排水沟，采取有组织的排水。

6. 基坑周边设置夜间警示灯。

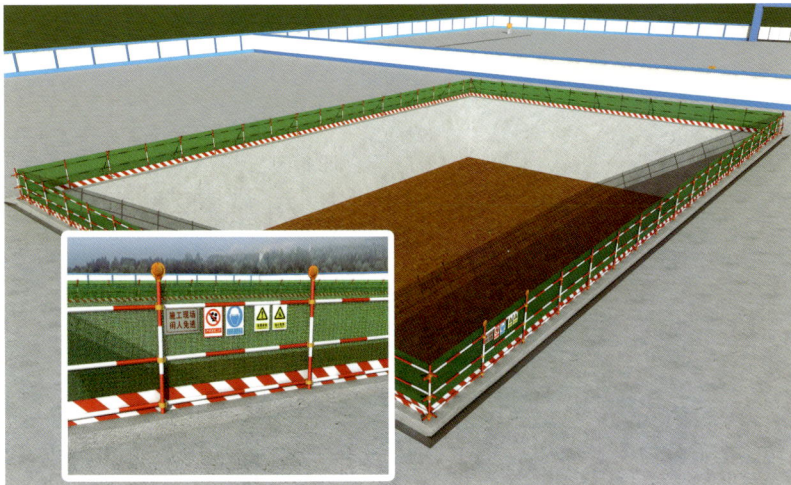

图 3.21 深基坑临边防护

图 3.22 沉淀池临边防护

3.4.3　起重设备轨行区临边防护

1. 临边必须设置防护栏杆，防护栏杆宜采用定型化、工具化制作，并考虑可拆卸、再利用，节省成本。

2. 防护栏杆由上下两道横杆及栏杆柱组成，防护栏杆设置应满足《建筑施工高处作业安全技术规范》JGJ 80 相关要求。当临街道或人员密集的地方，除设置防护栏杆外，敞开立面必须采取满挂密目网或钢板网片做全封闭处理，如图 3.23 所示。

3.5　下井钢梯防护

1. 施工现场必须有规范的上下通道钢梯，钢梯采用槽钢 ϕ 48×3.5mm 钢管、角铁、花纹钢板焊接。下井钢梯的宽度为 800～1000mm，踏步采用花纹钢板，宽度不小于 250mm。相邻的两块钢板交叉不大于 50mm，满足下井人员通行方便。钢梯设计角度不得大于 45°。钢梯制作完毕后，与结构井应固定牢固可靠，确保钢梯稳定和具有一定的刚度，钢梯的设置必须考虑到行车吊运和下井人员的安全。

2. 钢梯设置后必须制作上部栏杆，栏杆标准按照临边栏杆的标准制作。下部应全封闭，封闭材料可采用钢板或花纹钢板焊接。钢梯制作安置完毕后，应经项目部（施工队）技术和安全部门进行验收，合格后方可投入使用，并设置安全设施验收牌，如图 3.24 所示。

图 3.23　轨行区安全防护

图 3.24　下井钢梯

3.6 成型梯笼防护

1. 车站施工基坑和高架桥出入通道，应统一采用"梯笼"设计。

2. 梯笼应当采用标准化构件，颜色统一为蓝色或黄色。

3. 梯笼安装应牢固、可靠，保证出入梯笼作业人员安全，如图3.25所示。

图 3.25　成型梯笼

3.7 移动式脚手架防护

1. 脚手架钢管宜采用 $\phi 48.3 \times 3.6$mm 钢管。每根钢管的最大质量不应大于 25.8kg。进场使用的钢管质量应经过检查验收，钢管上严禁打孔。

2. 扣件应检查产品合格证，并应进行抽样复试，技术性能应符合《钢管脚手架扣件》GB 15831 的规定。扣件在使用前应逐个挑选，有裂缝、变形、螺栓出现滑丝的严禁使用。

3. 作业层上的施工荷载应符合设计要求，不得超载。不得将模板支架、缆风绳、泵送混凝土和砂浆的输送管等固定在架体上；严禁悬挂起重设备，严禁拆除或移动架体上安全防护设施。

4. 在脚手架使用期间，严禁拆除的杆件有：主节点处的纵、横向水平杆，纵、横向扫地杆。

3.8 移动式操作平台防护

1. 移动式操作平台的面积不超过 $10m^2$，荷载不宜超过 1.5 kN/m^2。

2. 操作平台轮子与平台的连接必须牢固可靠，行走脚轮和导向脚轮应配有制动器或刹车闸等使脚轮切实固定的措施，如图3.26所示。

3. 移动式操作平台架体必须保持直正，不得弯曲变形，平台脚轮的制动器除在移动情况外，均应保持在制动状态。

4. 移动式操作平台应采用钢管脚手架支撑体系的镀锌钢管做主梁、次梁及立杜，上铺 50mm 脚手板做铺板，铺板应采用绑扎等方式固定。

5. 移动操作平台在施工中，不得在倾斜或移动状态时上下人，不得载人移动。

图 3.26　移动式操作平台

6. 移动式操作平台宜优先选用合格的装配性门式脚手架，并对其整体稳定性、防护完整性及行走脚轮、导向脚轮的制动有效性进行验收。

7. 操作平台可采用 $\phi 48.3 \times 3.6$mm 钢管以扣件连接，也可采用门架或承插式钢管脚手架组装。平台的次梁间距不大于 400mm，台面满铺脚手板。

8. 操作平台四周按临边作业要求设置防护栏杆，并布置登高扶梯。

9. 操作平台工作使用状态时，四周应加设抛撑固定。

10. 移动操作平台应悬挂限重及验收标识。

3.8.1　悬挑式物料钢平台防护

1. 悬挑式物料钢平台的制作、安装应编制专项施工方案，并应进行设计计算。

2. 钢平台主框架采用型钢制作，主挑梁型号不得小于 16 号槽钢，两侧应分别设置前后两道斜拉钢丝绳，如图 3.27 所示。

3. 钢丝绳直径应根据计算确定且不小于 $\phi 16$，斜拉钢丝绳与平台间夹角应大于 45°。钢丝绳绳卡数量不应小于 4 个，绳卡间距不应小于钢丝绳直径的 6 倍，如图 3.28 所示。

4. 平台四周设防护栏杆并全封闭，平台底部满铺脚手板或铺设花纹钢板；平台与脚手架之间全封闭，如图 3.29 所示。

5. 平台两侧及前端应单独设置防护网，与平台夹角 45°，上层平挑网（大眼网），下层密目网全封闭。

6. 验收合格后方可投入使用，内侧设限制标志牌。

3.8.2　提升式钢平台防护

1. 钢平台大小依据电梯井尺寸大小而定，主梁采用 4 根 14 号槽钢分两组背靠背焊接，次梁采用 10 号槽钢，平台板采用 4mm 厚花纹钢板进行焊接，如图 3.30 所示。

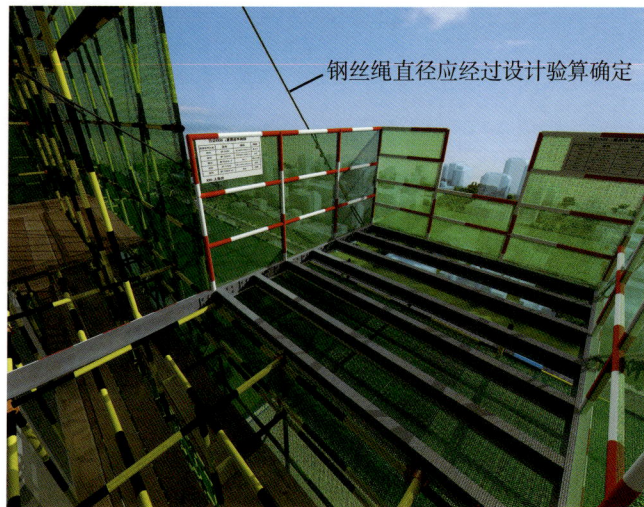

图 3.27　钢丝绳直径经过设计验算确定

图 3.28　钢丝绳吊拉

图 3.29　平台防护

图 3.30　提升式钢平台

2．在墙体预留 150mm×150mm 方孔，采用 4 个 14 号工字钢穿墙作为架体支撑，工字钢伸出内井壁不小于 300mm，端头采用 300mm×300mm×4mm 钢板进行满焊。

3．平台上部焊接 4 根 ϕ60 钢管套管，操作架立杆固定在套管内采用螺杆进行连接。

4．电梯井平台与井壁之间的距离不超过 100mm。

5．提升完毕后进行验收，合格后方可使用。

3.9　气象灾害防护

1．分级成立气象灾害的防护领导小组。制定周密、可行的应急预案；

2．制定发生台风灾害、洪灾、火灾等灾害应急预案。预先与所在区民政局联系了解所在地台风灾害、洪灾等灾害发生时的避难中心的设置情况，去避难中心查看，把确定的避难中心及去避难中心的路线传达到每个员工（必要时，可同时与地方社区或周边学校、工厂等单位联系，落实更优的或备用的避难场所），如图 3.31 所示。

3．安装天气与气象实时显示和预报系统，并保持与气象部门联系畅通，实时掌握、发布天气与气象信息，提前做好气象灾害应急准备。

4．建（构）筑物设计充分考虑防风能力，如图 3.32 所示。

5．活动板房及轨行式设备具有防风缆绳等防风措施，如图 3.33 所示。

6. 围挡、基坑、房屋等建（构）筑物选址、设计充分考虑防洪需要。

7. 配备足够、充分的应急人员和应急物资，如图 3.34 所示。

图 3.31　灾害应急演练示例

图 3.33　防风加固示例二

图 3.32　防风加固示例一

图 3.34　应急设备和物资示例

04

施工用电

总配电箱　　分配电箱　　开关箱

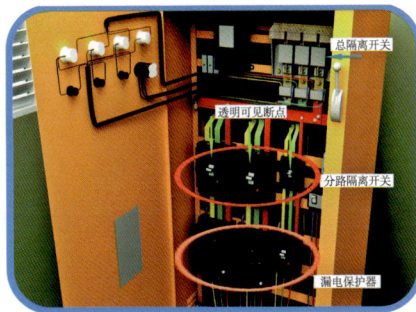

总隔离开关

透明可见断点

分路隔离开关

漏电保护器

套管管径

电缆外径

套管管径≥电缆外径的1.5倍

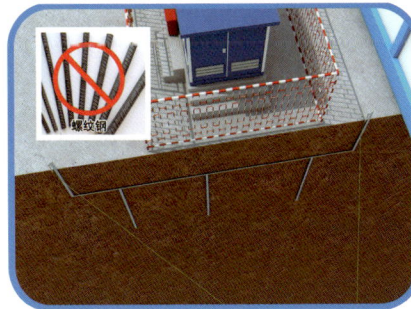

螺纹钢

4.1　基本要求

4.1.1　临时用电组织设计

1. 施工现场临时用电设备在 5 台及以上或设备总容量在 50kW 及以上者，应编制用电组织设计。

2. 施工现场临时用电组织设计应包括下列内容：

（1）现场勘测；

（2）确定电源进线、变电所或配电室、配电装置、用电设备位置及线路走向；

（3）进行负荷计算；

（4）选择变压器；

（5）设计配电系统：

① 设计配电线路，选择导线或电缆；

② 设计配电装置，选择电器，如图 4.1、图 4.3 所示。

③ 设计接地装置，如图 4.2 所示。

④ 绘制临时用电工程图纸，主要包括用电工程总平面图、配电装置布置图、配电系统接线图、接地装置设计图。

（6）设计防雷装置；

（7）确定防护措施，如图 4.4 所示；

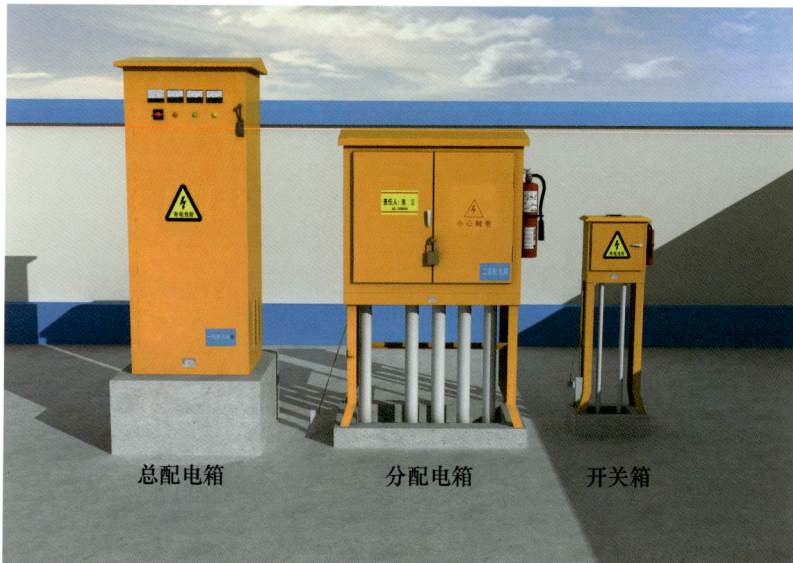

图 4.1　配电示意图

图 4.2　接地装置

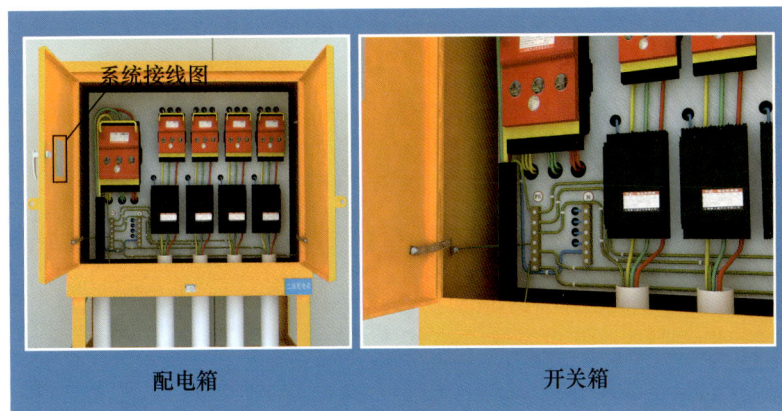

图 4.3　配电箱内系统线路

图 4.4　配电箱防护

（8）制定安全用电措施和电气防火措施。

3. 临时用电工程图纸应单独绘制，临时用电工程应按图施工。

4. 临时用电组织设计及变更时，必须履行"编制、审核、批准"程序，由电气工程技术人员组织编制，经相关部门审核及具有法人资格企业的技术负责人批准后实施。变更用电组织设计时应补充有关图纸资料。

5. 临时用电工程必须经编制、审核、批准部门和使用单位共同验收，合格后方可投入使用，如图 4.5 所示。

6. 施工现场临时用电设备在 5 台以下和设备总容量在 50kW以下者，应制定安全用电和电气防火措施，并应符合《施工现场临时用电安全技术规范》JGJ 146 的规定。

图 4.5　临时用电验收

4.1.2　电工及用电人员

1. 电工必须通过国家现行标准考核并取得特种作业人员操作证后，持证上岗作业；高压用电操作必须持有高压操作证方可上岗工作。其他用电人员必须通过相关教育培训和技术交底，考核合格后方可上岗工作。

2. 安装、巡检、维修或拆除临时用电设备和线路，必须由电工完成，并应有人监护。电工等级应同工程的难易程度和技术复杂性相适应。

3. 各类用电人员应掌握安全用电基本知识和所用设备的性能，并应符合下列规定：

（1）使用电气设备前必须按规定穿戴和配备好相应的劳动防护用品，并应检查电气装置和保护设施，严禁设备带"缺陷"运转；

（2）保管和维护所用设备，发现问题及时报告解决；

（3）暂时停用设备的开关箱必须分断电源隔离开关，并应关门上锁；

（4）移动电气设备时，必须经电工切断电源并做妥善处理后进行。

4.1.3　安全技术档案

1. 施工现场临时用电必须建立安全技术档案，并应包括下列内容：

（1）用电组织设计的安全资料；

（2）改用电组织设计的资料；

（3）用电技术交底资料；

（4）用电工程检查验收表；

（5）电气设备的试、检验凭单和调试记录；

（6）接地电阻、绝缘电阻和漏电保护器漏电动作参数测定记录表；

（7）定期检（复）查表；

（8）电工安装、巡检、维修、拆除工作记录。

2. 安全技术档案应由主管该现场的电气技术人员负责建立与管理。其中"电工安装、巡检、维修、拆除工作记录"可指定电工代管，每周由项目经理审核认可，并应在临时用电工程拆除后统一归档。

3. 临时用电工程应定期检查。定期检查时，应复查接地电阻值和绝缘电阻值。

4. 临时用电工程定期检查应按分部、分期工程进行，对安全隐患必须及时处理，并应履行复查验收手续。

4.1.4　配电室（房）基本规定

1. 成列的配电柜和控制柜两端应与重复接地线及保护零线作电气连接。

2. 配电柜应装设电源隔离开关，以及短路、过载、漏电保护器；电源隔离开关分断时应有明显可见分断点。

3. 配电室（房）内的母线应按相序涂刷有色油漆，涂色应符合规定。

4. 配电室（房）不受洪水冲浸、不积水，周边及室内地面排水坡度不应小于 0.5%。

5. 配电室（房）的建筑物和构筑物应能防雨、防风沙，耐火等级不应低于 3 级，室内应配置沙箱和可用于扑灭电气火灾的灭火器，如图 4.6、图 4.7 所示。当采用百叶窗或窗口安装金属网时，金属网孔不应大于 10mm×10mm。

6. 配电室（房）的照明应分别设置正常照明和事故照明，如图 4.8 所示。

7. 配电柜正面的操作通道宽度，单列布置或双列背对背布置不应小于 1.5m，双列面对面布置不应小于 2m；后面的维护通道宽度，单列布置或双面列面对面布置不应小于 0.8m，双列背对背布置不应小于 1.5m；侧面的维护通道宽度不应小于 1m；配电室（房）的顶棚与地面的距离不应低于 3m，如图 4.6 所示。

4.2 三级配电系统

4.2.1 基本要求

1. 配电系统应设置配电柜或总配电箱、分配电箱、开关箱，实行三级配电，如图 4.9 所示。

2. 开关箱作为末级配电装置，与用电设备之间必须实行"一机一闸制"。每台用电设备必须有各自专用的开关箱，严禁用同一个开关箱直接控制 2 台及 2 台以上用电设备（含插座），如图 4.10 所示。

3. 配电箱、开关箱的电源进线端严禁采用插头和插座做活动连接。

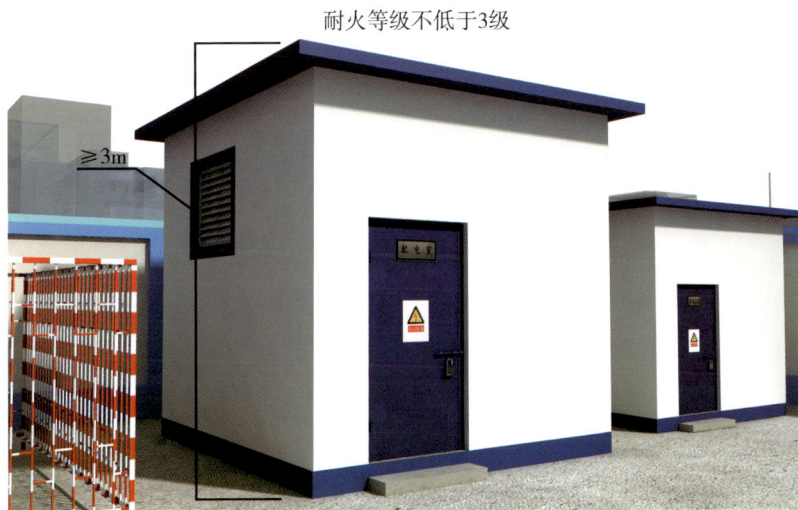

图 4.6 配电室房耐火等级

图 4.7 配电室内灭火器材

正常照明灯

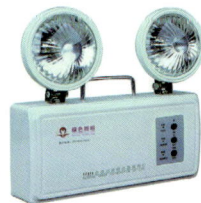

应急照明灯

图 4.8 配电室内应急照明

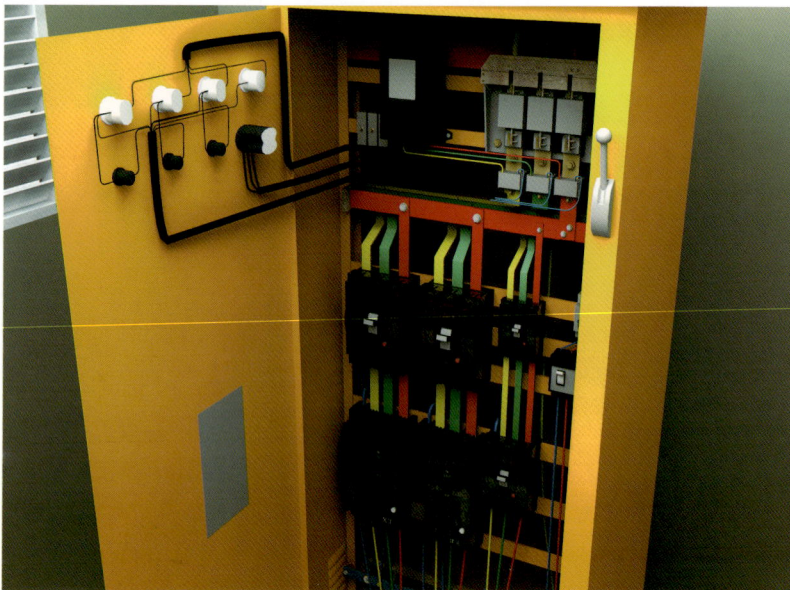

图 4.9　总配电箱

图 4.10　每台用电设备有专用的开关箱

4. 总配电箱应设在靠近电源的区域。

5. 总配电箱、分配电箱内开关电器可设若干分路，且动力与照明宜分路设置。

6. 总配电箱中必须装设漏电保护器，所有开关箱中也必须装设漏电保护器。

4.2.2　漏电保护器选用原则

1. 开关箱中漏电保护器的额定漏电动作电流不应大于30mA，额定漏电动作时间不应大于0.1s。

2. 使用于潮湿或有腐蚀介质场所的漏电保护器应采用防溅型产品，其额定漏电动作电流不应大于15mA，额定漏电动作时间不应大于0.1s。

3. 总配电箱中漏电保护器的额定漏电动作电流应大于30mA，额定漏电动作时间应大于0.1s，但其额定漏电动作电流与额定漏电动作时间的乘积不应大于30mA·s。

4.3　配电箱与开关箱

施工现场临电系统的配电箱、开关箱应符合临电安全技术规

范的相关规定:

1. 施工现场配电系统应采用三级配电、二级漏电保护系统,用电设备必须有各自专用的开关箱。

2. 分配电箱应设在用电设备或负荷相对集中的区域,分配电箱与开关箱的距离不得超过 30m,如图 4.11 所示。

3. 开关箱与其控制的固定式用电设备的水平距离不宜超过 3m,如图 4.12 所示。

4. 配电箱、开关箱周围应有足够 2 人同时工作的空间和通道,不得堆放任何妨碍操作、维修的物品,不得有灌木、杂草等。

5. 配电箱、开关箱应采用冷轧钢板材料制作设内置防护门,有 "3C" 认证标识(电器元件也要具有 "3C" 认证标识),如图 4.13 所示。其中开关箱体钢板厚度不得小于 1.2mm,配电箱体钢

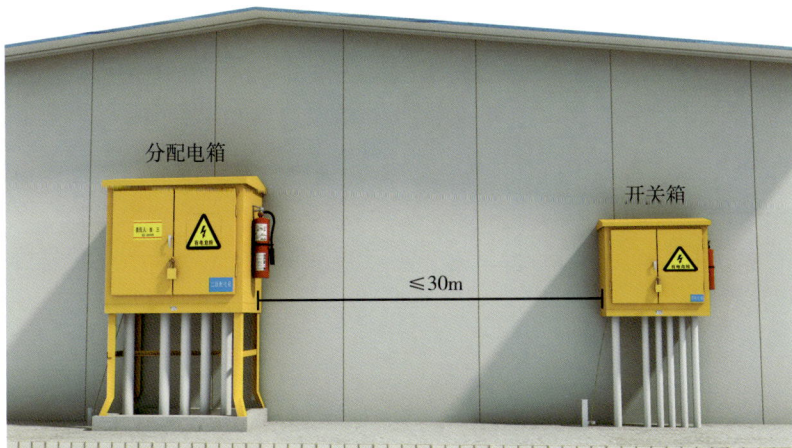

图 4.12　开关箱与机械间距

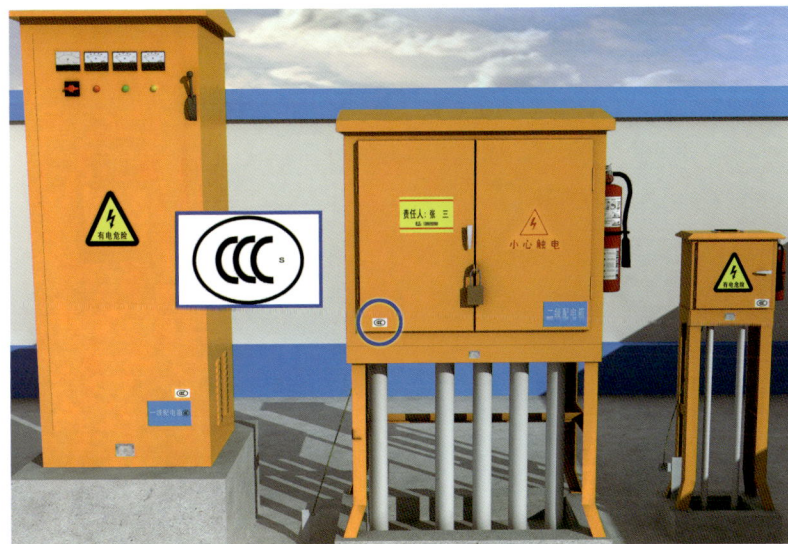

图 4.11　分配电箱与开关箱间距

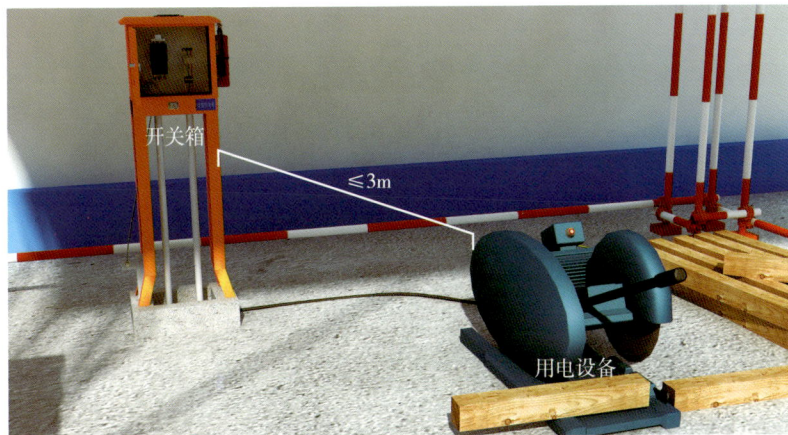

图 4.13　配电箱认证标示

板厚度不得小于 1.5mm，箱体表面应做防腐处理。配电箱、开关箱高度应符合《施工现场临时用电安全技术规范》JGJ 46 相关要求。隔离开关采用分断时具有可见分断点，能同时断开电源所有极的隔离电器，并设置于电源进线端，如图 4.14 所示。

6. 配电箱、开关箱的电器安装板上必须分设 N 线端子板和PE 线端子板。N 线端子板必须与金属电器安装板绝缘；PE 线端子板必须与金属电器安装板做电气连接。进出线中的 N 线必须通过 N 线端子板连接；PE 线必须通过 PE 线端子板连接，如图 4.15 所示。

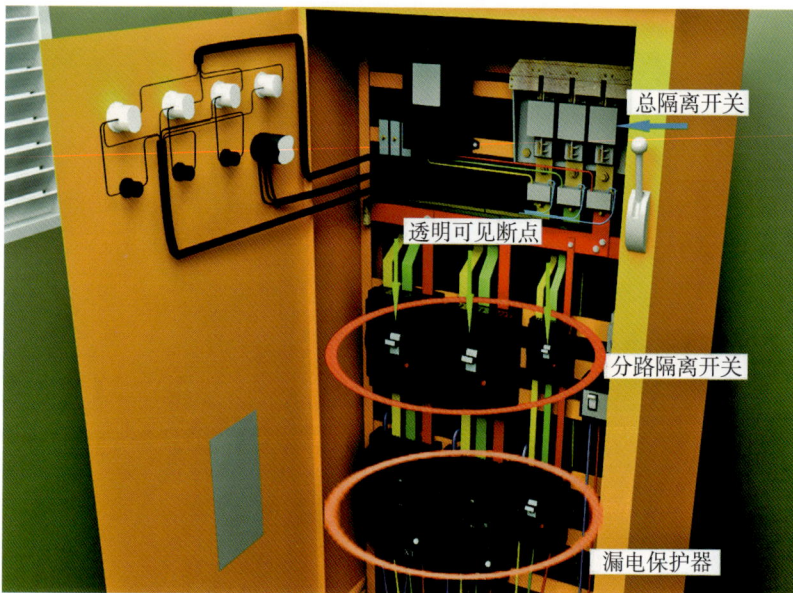

图 4.14　配电箱内电器装置

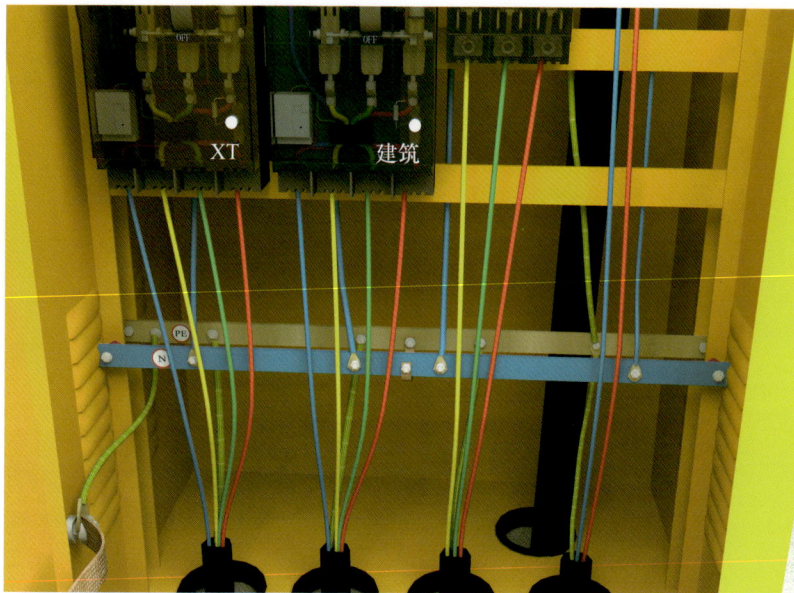

图 4.15　N 线、PE 线端子板

7. 配电箱、开关箱内的连接线必须采用铜芯绝缘导线。导线绝缘的颜色应符合规范要求；导线分支接头不得采用螺栓压接，应采用焊接并做绝缘包扎，不得有外露带电部分。

8. 配电箱、开关箱的金属箱体、金属电器安装板以及电器正常不带电的金属底座、外壳等必须通过 PE 线端子板与 PE 线做电气连接，金属箱门与金属箱体必须通过采用编织软铜线做电气连接，如图 4.16 所示。

9. 配电箱、开关箱的箱体尺寸应与箱内电器的数量和尺寸相适应。

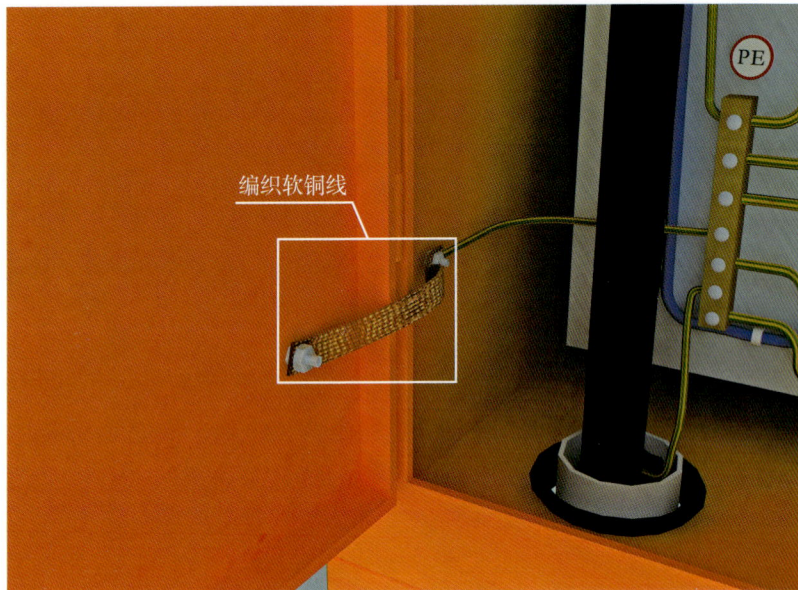

编织软铜线

图 4.16　箱门与金属箱体必须通过采用编织软铜线做电气连接

10．配电箱、开关箱中导线的进线口和出线口应设在箱体的下底面。

11．配电箱、开关箱的进、出线口应配置固定线卡，进出线应加绝缘护套并成束卡固在箱体上，不得与箱体直接接触。移动式配电箱、开关箱的进、出线应采用橡皮护套绝缘电缆，不得有接头。

12．动力配电箱与照明配电箱宜分别设置。当合并设置为同一配电箱时，动力和照明应分路配电。

13．容量大于 3.0kW 的动力电路应采用断路器控制，操作频繁时还应附设接触器或其他启动控制装置，交流电焊机械应配装防二次侧触电保护器，不得采用金属构件或结构钢筋代替二次线的地线；交流弧焊机变压器的一次侧电源线长度不应大于 5m，其电源进线处必须设置防护罩，电焊机械的二次线应采用防水橡皮护套铜芯电缆，电缆长度不应大于 30m。

14．总配电箱与开关箱应安装漏电保护器，漏电保护器参数应匹配并灵敏可靠。

15．施工现场的临时用电系统配电箱、开关箱门内操作面的防护等级应不低于 IP21，必须设置一道活动面板（隔离门），以防止操作时触及带电部件。

16．建筑施工现场的临时用电系统配电箱、开关箱外壳着色必须为橘黄色。

4.3.1　总配电箱开关电器的选择

1．总配电箱应装设总隔离开关和分路隔离开关，总熔断器和分路熔断器以及漏电保护器 FQ。隔离开关必须在无负荷条件下分闸、合闸，其额定容量应大于电线电缆的长期允许载流量。总箱内设置一个总 FQ，220V/380V，4 极 400A，额定漏电动作电流为 50mA。各路干线开关均选用 DZ 系列自动开关（其中为长延时脱扣器）。

2．若大容量 400A 的 4 极漏电保护器购置困难时，可在各路干线上安装 FQ，若兼容 DZ10–250/330 功能和分断能力，则可取消 DZ 断路器。根据 FQ 的产品系列，也可选用 220/380V，4 极，200A，额定漏电动作电流为 30（或 50）mA 的漏电保护器。

4.3.2　总配电箱位置确定原则

总配电箱的位置设置要满足如下要求，如图 4.17 所示。

图 4.17　配电箱的设置

1. 进出线方便。
2. 道路畅通。
3. 邻近无易燃、易爆物。
4. 邻近无污染源和腐蚀介质。
5. 邻近无火源和高温热源。
6. 远离强烈震源。
7. 远离可能滑落雨水的建（构）筑物。
8. 远离现场宿舍区，如果个别条件难以满足，需要对其采

取相应的、有针对性的防护措施。

4.3.3　使用与维护

1. 配电箱、开关箱要有名称、用途、系统接线图及分路标记和安全状态标识，并应有门、锁及防雨、防尘措施。
2. 配电箱、开关箱内不得放置任何杂物，并应保持分路标记及系统接线图整洁。
3. 漏电保护器的极数和线数必须与其负荷的相数和线数一致，严禁并线。
4. 配电箱、开关箱内的电器配置和接线严禁随意改动。
5. 对配电箱、开关箱进行定期维修、检查时，必须将其前一级相应的电源隔离开关分闸断电，并悬挂"禁止合闸、有人工作"停电标志牌，严禁带电作业，停送电必须由专人负责。

4.4　配电箱、开关箱防护棚

1. 配电箱防护棚可采用方钢制作，稳固安置在混凝土承台上并应接地，如图 4.18 所示。
2. 顶部采用双层硬防护，底层为彩钢板，上层为模板，并设不小于 5% 坡度的排水坡。
3. 双层硬防护间的防护棚外立面挂蓝底白字的安全宣传标语。
4. 配电箱栏杆刷红白相间警戒色。

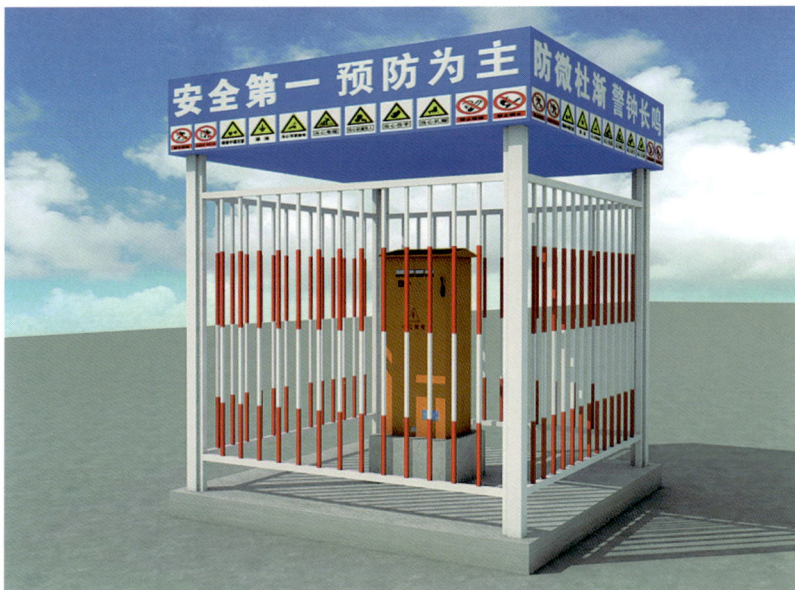

图 4.18　配电箱防护棚

图 4.19　电线路防护

4.5　线路敷设

施工现场配电线路必须采取架空或埋地敷设，架空线必须采用绝缘导线或电缆线，严禁绝缘导线或电缆线沿地面明设，并避免机械、材料损伤或介质腐蚀，如图 4.19 所示。

4.5.1　基本要求

1. 线路及接头应保证机械强度和绝缘强度。

2. 线路应设短路、过载保护，导线截面应满足线路负荷电流。

3. 线路的设施、材料及相序排列、档距、与邻近线路或固定物的距离应符合规范要求。

4. 电缆应采用架空或埋地敷设并应符合规范要求，严禁沿地面明设或沿脚手架、树木等敷设。

5. 电缆中必须包含全部工作芯线和用作保护零线的芯线，并应按规定接用。

6. 室内非埋地明敷主干线距地面高度不得小于 2.5m。

4.5.2　埋地电缆线路敷设

1. 埋地敷设宜选用铠装电缆；当选用无铠装电缆时，应能防水、防腐，埋设线路上应保证电缆不受机械损伤，远离热源，尽量避开建、构筑物和交通要道，如图 4.20 所示。

2. 电缆应埋设于专门开挖的电缆槽内，槽深应不小于 0.7m；应在电缆上均匀敷设不小于 50mm 厚的细沙，如图 4.21 所示；并在上层覆盖硬质保护层；电缆横穿车道时应用钢管或硬质工程塑料管套护；采用开式电缆沟必须使用混凝土浇筑，电缆沟面上制作止口位，用厚木板或钢板封闭，电缆沟应有防积水措施。

3. 转弯处和直线段每隔 20m 处应设电缆走向标志，如图 4.22

所示。

4. 电缆的接头应设于地面以上专门的接线盒内，接线盒应能防雨、防尘、防机械损伤，并应远离易燃、易爆、易腐蚀场所。电缆穿越在建工程时，应在穿越处和电缆引出地面处从距地面 2m 高至地下 0.2m 深加钢管或硬质工程塑料管的防护套管，如图 4.23 所示。

4.5.3　架空电缆线路敷设

1. 架空电缆分为沿墙壁架空和沿专用电杆架空二种敷设方式。敷设时应沿墙壁或电杆用绝缘子固定，用绝缘线绑扎，档距应保证其最大垂弧点距地面不得小于 2.5m，遇机动车道等场所，

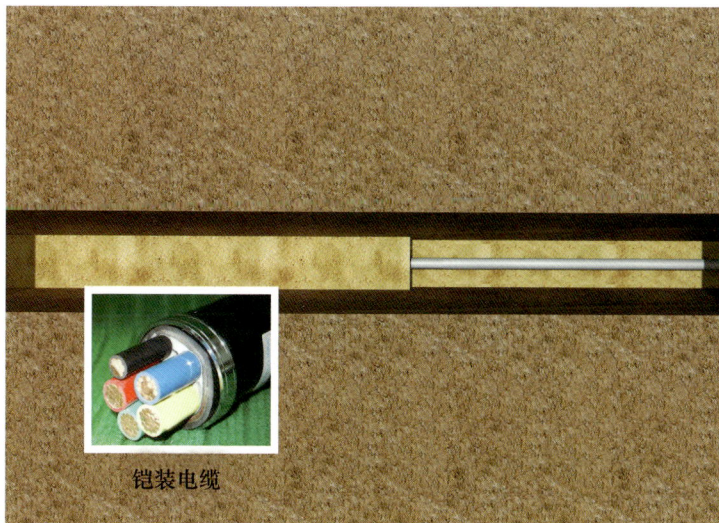

图 4.20　电缆的选用

铠装电缆

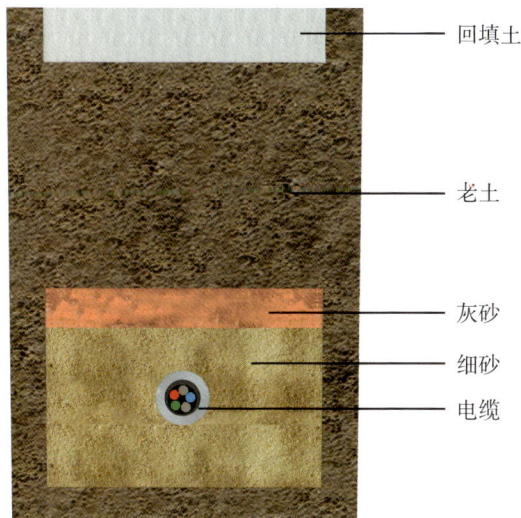

回填土

老土

灰砂

细砂

电缆

图 4.21　电缆埋地

图 4.22　电缆走向标志

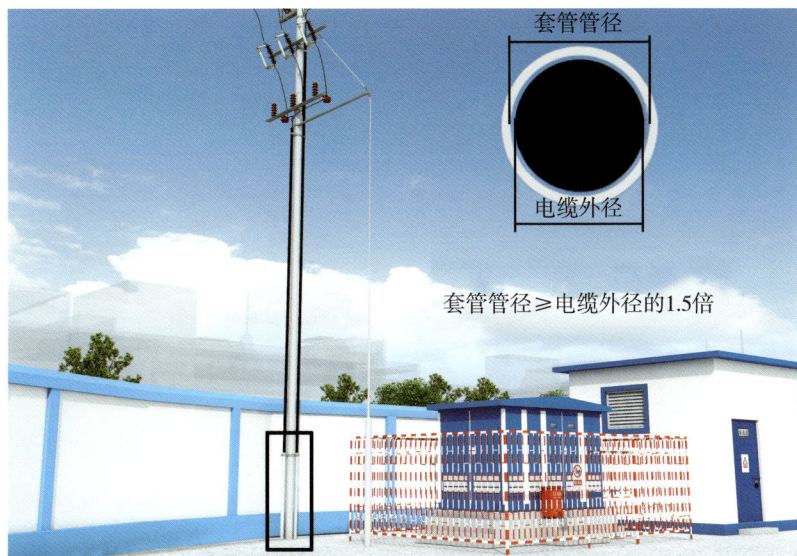

套管管径

电缆外径

套管管径≥电缆外径的1.5倍

图 4.23　电缆防护套管

≥6m

图 4.24　架空线路安全距离

其敷设高度与架空线路的敷设高度要求一致，如图 4.24 所示。

　　2．在建工程内的电缆线路必须采用电缆埋地引入，严禁穿越脚手架引入。

　　3．电缆垂直敷设应充分利用在建工程的竖井、垂直孔洞等，并宜靠近用电负荷中心，固定点每层楼不得少于一处，如图 4.25 所示。

　　4．电缆水平敷设宜沿墙或门口刚性固定，最大弧垂距地面不得小于 2.0m，如图 4.26 所示。

　　5．电线电缆相线、N 线、PE 线的颜色标记必须符合以下规定：相线 L1（A）、L2（B）、L3（C）相序的绝缘颜色依次为黄、绿、

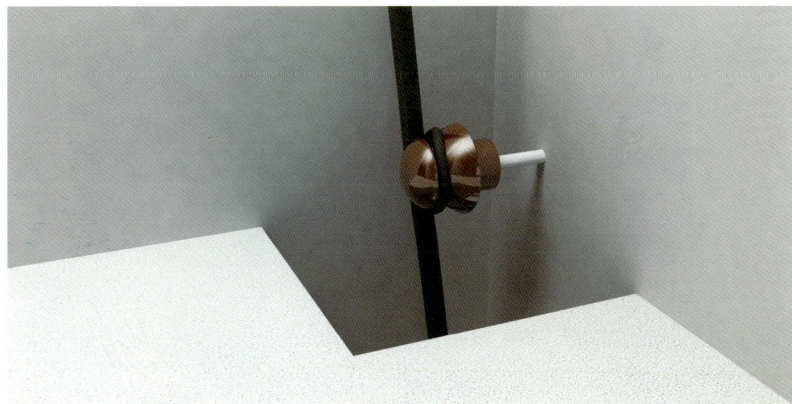

图 4.25　电缆垂直敷设

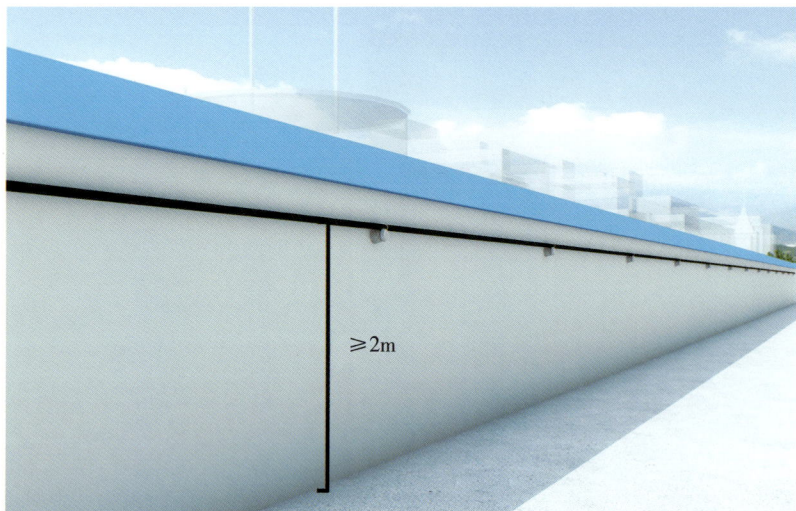

图 4.26 电缆水平敷设

≥2m

电缆相序颜色

图 4.27 电缆相序颜色标示

红色；N 线的绝缘颜色为淡蓝色；PE 线的绝缘颜色为绿 / 黄色。任何情况下上述颜色标记严禁混用和互相代用，如图 4.27 所示。

4.5.4 盾构隧道内高压电缆敷设

隧道内高压电缆的敷设原则上应与人行通道相对布置，如图 4.28 所示。如因条件所限，需设置在人行通道一侧时，其设置高度应高于行人的触摸点。在隧道沿线每间隔 3 环用挂钩挂起，挂钩要

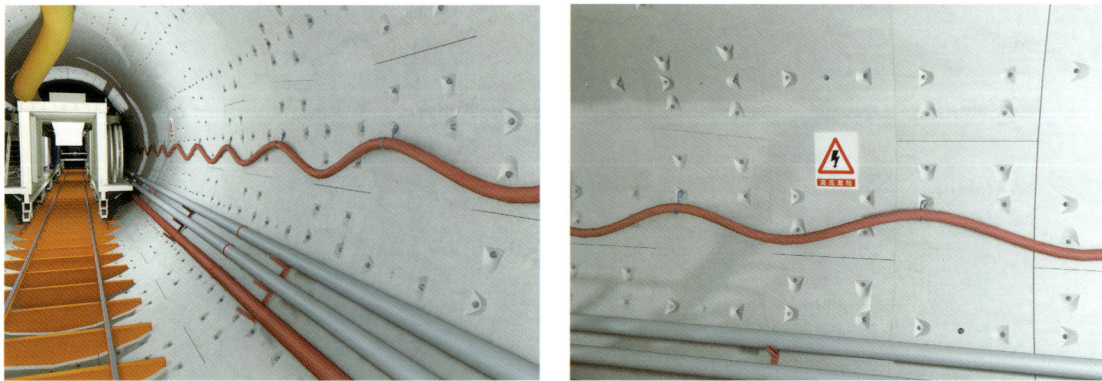

图 4.28 隧道内高压电缆的敷设

用绝缘塑料包裹。电缆布置在挂钩上要保持高度一致，弧度适中。高压电缆每间隔一定距离必须悬挂"高压危险"警示牌。

4.6 接地体

1. 首先选择自然接地体，但保证其电气连接和热稳定；若无自然接地体，再选择人工接地体，如图 4.29 所示。

2. 每一接地装置的接地线应采用 2 根及以上导体，在不同点与接地体做电气连接。不得采用铝导体做接地体或地下接地线；垂直接地体宜采用角钢、钢管或光面圆钢，不得采用螺纹钢，如

图 4.30 所示。

3. 焊接处不允许有夹渣、咬边、气孔等缺陷，焊接处应涂环氧煤沥青漆。

4.6.1 配电系统接零（接地）保护

1. 在施工现场专用变压器的供电 TN-S 接零保护系统中，电气设备的金属外壳必须与保护零线连接；保护零线应由工作接地线、配电室（总配电箱）电源侧零线或总漏电保护器电源侧零线处引出。

2. 当施工现场与外电线路共用同一供电系统时，电气设备的接地、接零保护应与原系统保持一致。不得一部分设备做保护

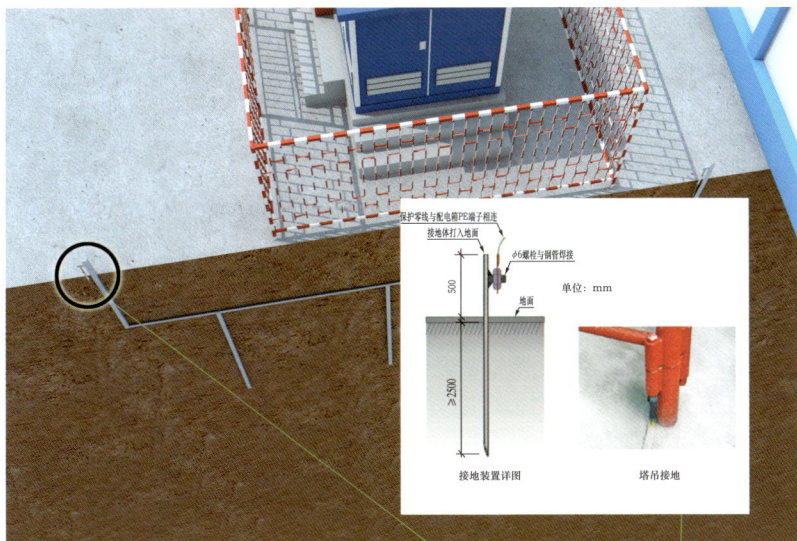

图 4.29 接地体的设置

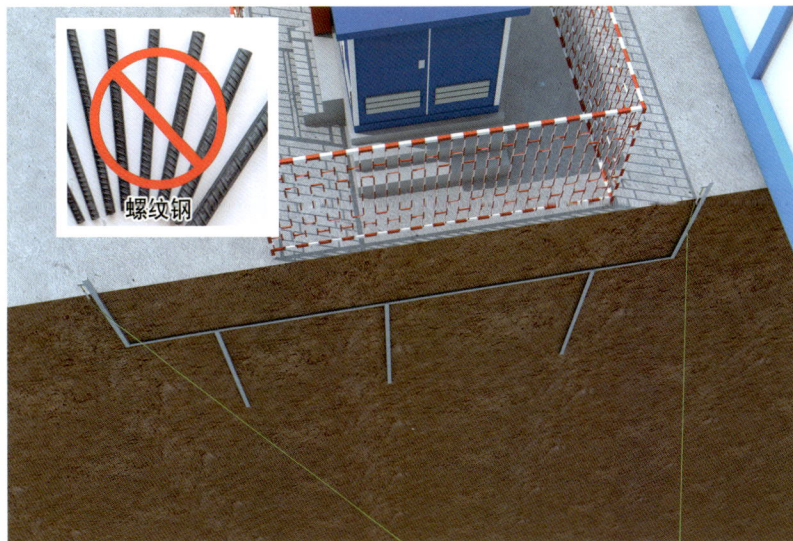

图 4.30 接地体禁止使用螺纹钢

接零，另一部分设备做保护接地。

3. TN 系统中的保护零线除必须在配电室或总配电箱处作重复接地外，还必须在配电系统的中间处和末端处作重复接地；重复接地电阻值不应大于 10Ω；在工作接地电阻允许达到 10Ω 的电力系统中，重复接地等效电阻值不应大于 10Ω；不应将单独敷设的工作零线作重复接地。

4. 每一接地装置的接地线应采用 2 根及以上导体，在不同点与接地体作电气连接。不应采用铝导体做接地体或地下接地线；垂直接地体宜采用角钢、钢管或光面圆钢，不得采用螺纹钢，工作接地电阻不应大于 4Ω；接地也可以利用自然接地体，但应保证其电气连接和热稳定。

5. 保护地线或保护零线应采用焊接、压接、螺栓连接或其他可靠方法连接，不应缠绕或钩挂。

6. 保护地线或保护零线应采用绝缘导线；配电装置和电动机械相连接的 PE 线应采用截面不小于 2.5mm^2 的绝缘多股铜线；手持式电动工具的 PE 线应采用截面不小于 1.5mm^2 的绝缘多股铜线。

7. PE 线上严禁装设开关或熔断器，严禁通过工作电流，且严禁断线。

4.6.2 接地与接零保护系统

1. 施工现场专用的电源中性点直接接地的低压配电系统应采用 TN-S 接零保护系统。

2. 施工现场配电系统不得同时采用两种保护系统。

3. 保护零线应由工作接地线、总配电箱电源侧零线或总漏电保护器电源零线处引出，电气设备的金属外壳必须与保护零线连接。

4. 保护零线应单独敷设，线路上严禁装设开关或熔断器，严禁通过工作电流。

5. 保护零线应采用绝缘导线，规格和颜色标记应符合规范要求。

6. 保护零线应在总配电箱处、配电系统的中间处和末端处作重复接地。

7. 接地体应采用角钢、钢管或光面圆钢。

8. 工作接地电阻不得大于 4Ω，重复接地电阻不得大于 10Ω。

9. 当施工现场起重机、物料提升机、施工升降机、脚手架在相邻建筑物、构筑物等设施的防雷装置接闪器的保护范围以外时，应按规范要求采取防雷措施，防雷装置的冲击接地电阻值不得大于 30Ω。

10. 做防雷接地机械上的电气设备，保护零线必须同时作重复接地。

4.6.3 接地与防雷

1. 保护接零

（1）施工现场临时用电必须采用 TN-S（三相五线制）接零保护系统，保护零线应由工作接地线、配电室（总配电箱）电源侧零线或总漏电保护器电源侧零线处引出。

（2）TN-S 保护系统中的保护零线除必须在配电室或总配电箱处做重复接地外，还必须在配电系统的中间处和末端处做重复接地。每一处重复接地装置的接地电阻值不应大于10Ω，如图4.31所示。

（3）PE线（保护零线）所用材质与相线、N线（工作零线）相同时，其最小截面积要符合《施工现场临时用电安全技术规范》JGJ 46相关要求，如表4.1所示。

图4.31　重复接地电阻值不大于10Ω

PE线最小截面　　　　　　　　　　　表4.1

相线芯线截面 S（mm²）	PE线最小截面（mm²）
$S \leq 16$	S
$16 < S \leq 35$	16
$S > 35$	$S/2$

（4）配电箱金属箱体，施工机械、照明器具、电器装置的金属外壳及支架等不带电的外露导电部分应做保护接零，与保护零线的连接应采用铜鼻子连接。

（5）垂直接地体宜采用角钢、钢管或光面圆钢。角钢板厚不小于4mm，钢管壁厚不小于3.5mm，圆钢直径不小于4mm，接地体埋入地下深度不小于0.5m，不得使用螺纹钢或铝导体做接地体。

2. 防雷

（1）施工现场内的桩架及钢脚手架等金属结构超出地面20m时，需装设防雷装置。

（2）机械设备上的避雷针（接闪器）长度应为1～2m。塔式起重机可不另设避雷针（接闪器）。

（3）机械设备或设施的防雷引下线可利用该设备或设施的金属结构体，但应保证电气连接。

（4）做防雷接地机械上的电气设备，所连接的PE线必须同时做重复接地，同一台机械电气设备的重复接地和机械的防雷接地可共用同一接地体，但接地电阻应符合重复接地电阻值的要求。

4.7 道路照明

1. 道路照明采用高光效、长寿命的照明光源；对需大面积照明的场所，采用高压汞灯、高压钠灯或混光用的卤钨灯等封闭式灯具；车站、隧道、人防工程、高温、有导电灰尘、比较潮湿或灯具离地面高度低于2.5m等场所的照明，电源电压不得大于36V，如图4.32所示。

图 4.32　照明灯的设置

2.凡在狭窄、行动不便的特别危险环境或特别潮湿环境（如水井内），使用的手持照明灯应采用 12V 安全电压。

3.严禁将照明设施加挂在动力线路上。

4.推荐使用标准化灯架：

（1）灯架由基础部分、标准节、平台和连接件组成；灯架均为成品，经验收合格后，到现场进行组拼和安装。

（2）灯架基础采用正方形独立基础形式，基础上表面与地面平齐。基础混凝土等级为 C30，钢筋采用 HRB335，钢筋保护层厚度为 40mm。基础下垫层厚度为 70mm，垫层混凝土等级为 C15。

（3）灯架基础中的预埋锚杆应事先加工且安放周正，固定好位置再浇捣混凝土。为了确保灯架的平面位置和垂直度，应复核预埋锚杆的中心线位置和水平高差。

（4）灯架底部标准节与基础采用螺栓连接固定。

（5）架体与操作平台安装完毕，搭设接地桩，上下节做好防雷接地。确认安全可靠后，方可上人进行灯具安装、接通电缆及漏电开关安装工作。

（6）灯架基础应进行隐蔽工程验收，且灯架安装完毕应进行最终验收，并保留相关验收评定资料，验收合格后挂合格牌。

（7）标准节高度 900mm，宽度 650mm，基础节高度 1050mm。

5.照明变压器应采用双绕组安全隔离变压器。

6.灯具金属外壳应接保护零线。

7.灯具与地面、易燃物间的距离应符合规范要求，如图 4.33 所示。

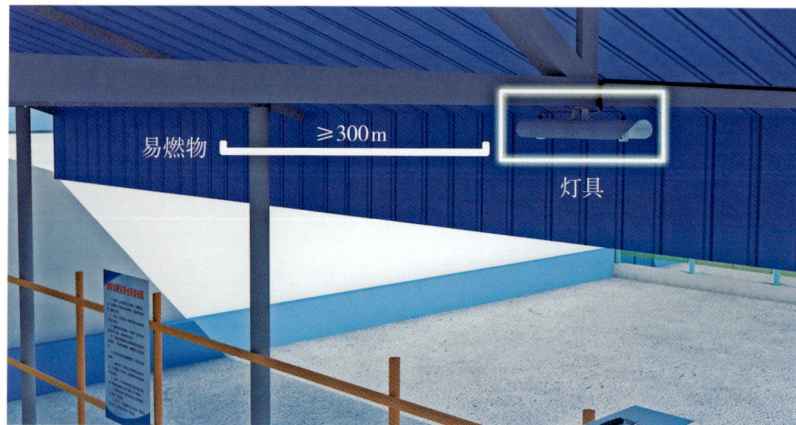

图 4.33　灯具与地面、易燃物间的距离

LED照明灯具　　　　　太阳能照明灯具　　　　　工具式灯架

图 4.34　工具式照明灯架

8. 办公生活区及施工现场道路照明推荐采用可再生能源，如太阳能照明灯具，如图 4.34 所示。

9. 在建工程地下室、楼梯及楼层内照明可利用工程正式线路或采用支座架空线路，加装声控时控开关。

10. 办公生活区及施工现场照明推荐采用 LED 灯。

4.8　外电防护安全距离

1. 在建工程不得在外电架空线路正下方施工、搭设作业棚、建造生活设施或堆放构件、架具、材料及其他杂物等。

2. 在建工程（含脚手架具）的周边与外电架空线路的边线之间必须保持安全操作距离；对达不到规定最小距离时，必须采取防护绝缘隔离防护措施，并应悬挂醒目的警告标志。警示标志必须昼夜可见。

3. 外电防护宜采用绝缘材料，严禁钢竹、钢木混用，如图 4.35、图 4.36 所示。

4. 施工现场的机动车道与外电架空线路交叉时，架空线路的最低点与路面的最小垂直距离应符合规定。

5. 起重机严禁越过无防护设施的外电架空线路作业。

6. 当防护措施无法实现时，必须与有关部门协商，采取停电、

图 4.35 外电防护

迁移外电线路或改变工程位置等措施，未采取上述措施的严禁施工。

7. 在建工程（含脚手架）的周边与架空线路的边线之间的最小安全操作距离、施工现场的机动车道与架空线路交叉时的最小垂直距离、起重机与架空线路边线的最小安全距离、防护设施与外电线路之间的最小安全距离均应满足《施工现场临时用电安全技术规范》JGJ 46 相关要求。

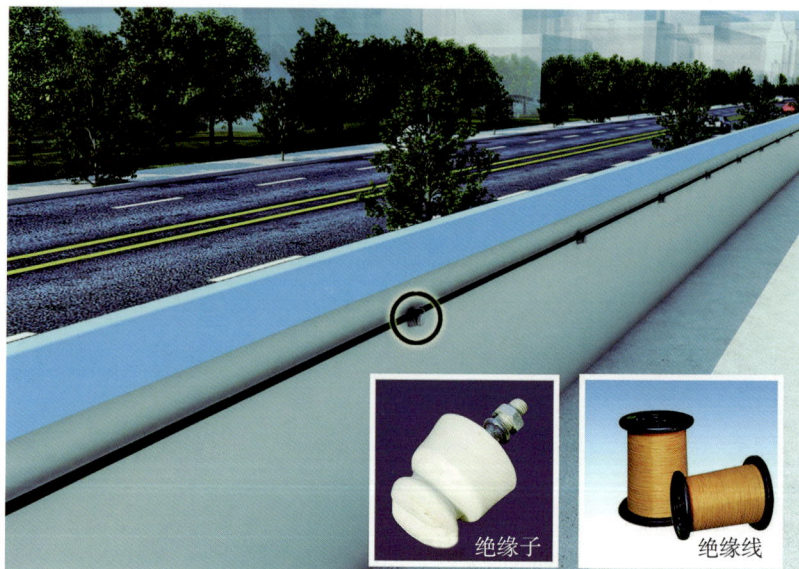

绝缘子

绝缘线

图 4.36 外电防护使用的绝缘材料

直角扣件
纵向扫地杆
立杆
横向扫地杆

宽度≥4跨 且≥6m

水平剪刀撑

05

脚手架与模板支撑

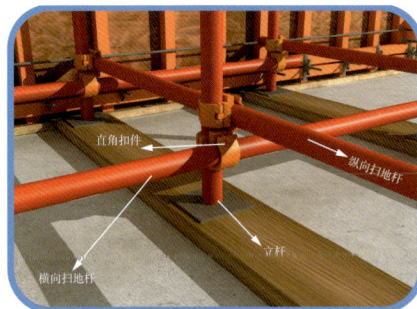

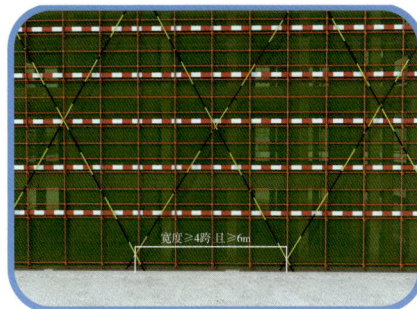

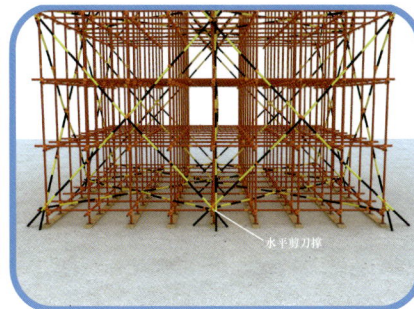

5.1 悬挑式脚手架

5.1.1 基本规定

1. 悬挑脚手架搭设前，应编制专项施工方案，并按规定进行审核、审批。搭设高度超过 20m，专项施工方案应按规定组织专家论证，如图 5.1～图 5.3 所示。

2. 型钢悬挑梁宜采用双轴对称截面的型钢。悬挑钢梁型号及锚固件应按设计确定，钢梁截面高度不应小于 160mm，如图 5.4 所示。锚固型钢悬挑梁的锚固螺栓直径不宜小于 16mm，如图 5.5 所示。

3. 用于锚固的 U 型钢筋拉环或螺栓应采用冷弯成型；U 型钢筋拉环、锚固螺栓与型钢间隙应用钢楔或硬木楔楔紧。

4. 每个型钢悬挑梁外端宜设置钢丝绳或钢拉杆与上一层建筑结构斜拉结，钢丝绳、钢拉杆不参与悬挑钢梁受力计算。钢丝绳与建筑结构之间应使用符合规范标准的钢筋吊环拉结，如图 5.6 所示。

图 5.1 方案编制

图 5.2 方案审核

图 5.3 方案论证

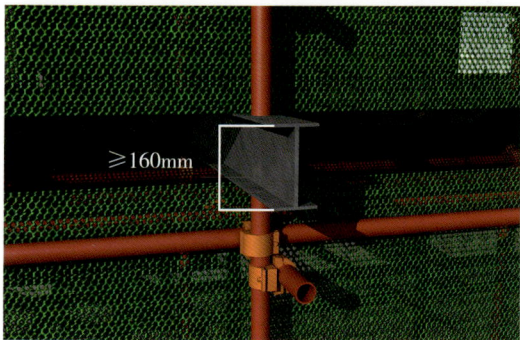

≥160mm

图 5.4 型钢悬挑梁的型钢截面

直径≥16mm

图 5.5 锚固螺栓

吊环应使用HPB300级钢筋
直径≥20mm

图 5.6 型钢悬挑梁钢丝绳连接

5. 悬挑钢梁悬挑长度应按设计确定，固定段长度不应小于悬挑段长度的 1.25 倍，如图 5.7 所示。型钢悬挑梁固定端应采用 2 个（对）及以上 U 型钢筋拉环或锚固螺栓与建筑结构板固定，如图 5.8 所示。

6. 当型钢悬挑梁与建筑结构采用螺栓钢压板连接固定时，钢压板尺寸不应小于 100mm×10mm（宽×厚）；当采用螺栓角钢压板连接时，角钢的规格不应小于 63mm×63mm×6mm。

7. 型钢悬挑梁悬挑端应设置能使脚手架立杆与钢梁可靠固定的定位点，定位点离悬挑梁端部不应小于 100mm。

8. 锚固位置设置在楼板上时，楼板的厚度不宜小于 120mm。

如果楼板的厚度小于 120mm 应采取加固措施。

9. 锚固型钢的主体结构混凝土强度等级不得低于 C20。

10. 架体作业层脚手板下应采用安全平网兜底，以下每隔 10m 应采用安全平网封闭。

11. 作业层里排架体与建筑物之间应采用脚手板或安全平网封闭。

12. 架体底层应进行封闭。

13. 悬挑梁间距应按悬挑架架体立杆纵距设置，每一纵距设置一根。

14. 悬挑架的外立面剪刀撑应自下而上连续设置。

图 5.7 悬挑梁固定端长度

图 5.8 型钢悬挑梁固定端固定

15. 连墙件设置应符合规范的规定。

5.1.2 标识牌要求

1. 外脚手架、悬挑脚手架、卸料平台、高大模板支撑架等工程实施验收挂牌制度，如图 5.9、图 5.10 所示。

图 5.9 验收牌

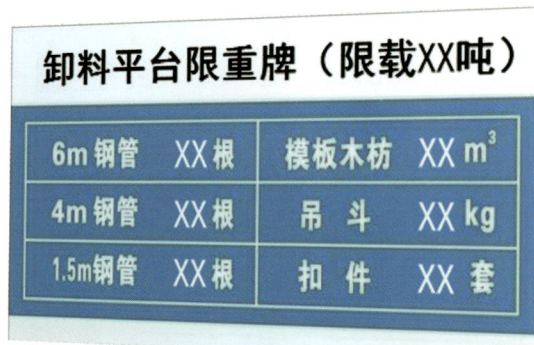

图 5.10 卸料平台限载警示牌

2. 标识牌采用镀锌薄钢板或铝塑板制作，面层采用户外车帖。

3. 标识牌为白底黑字。

5.1.3 悬挑式卸料平台

悬挑式卸料平台构造的基本要求：

1. 悬挑式卸料平台应有设计方案和计算书，明确限载。

2. 卸料平台的型钢悬挑梁与楼面的锚固形式，应符合规范要求。

3. 卸料平台的钢丝绳拉索，其直径应大于 $\phi 16$ 钢丝绳，在平台两侧各配置 2 根（并应有防坠保险措施），如图 5.11 所示。

4. 钢丝绳拉索不得共用上吊点的吊环，每根钢丝绳拉索应独立使用一个吊环。

5. 卸料平台不得与外脚手架连接。

6. 卸料平台必须悬挂限载警示牌，如图 5.12 所示。

图 5.11 卸料平台的钢丝绳拉索

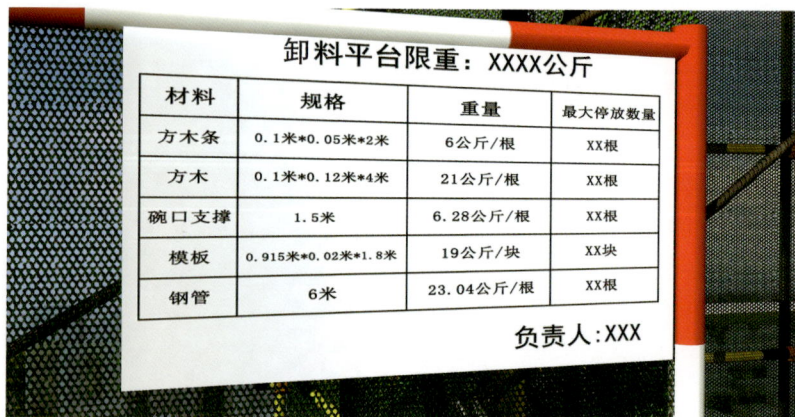

图 5.12 卸料平台限载警示牌

7. 卸料平台应按设计方案检查验收符合要求方能投入使用。

5.1.4 钢丝绳固接方式

外脚手架的分段卸荷拉索、悬挑脚手架型钢悬挑梁外端的拉索、悬挑卸料平台的拉索等基本上都是使用钢丝绳。钢丝绳的固接均使用绳卡，选用绳卡的规格必须与钢丝绳直径保持一致。钢丝绳的固接点应使用 3 个或以上的绳卡，每个绳卡的间距应大于或等于钢丝绳直径的 6 倍，绳卡压板应在钢丝绳受力端一边。钢丝绳末端应形成一个安全弯，以检视钢丝绳受力时是否有因绳卡松脱而导致钢丝绳末端滑移的现象。钢丝绳的圈套应内置鸡心环，以保护钢丝绳与吊环接触的受拉点（面）。调整钢丝绳拉索的松紧度宜使用花篮螺栓，如图 5.13 所示。

图 5.13 悬挑式脚手架索具、钢丝绳连接

5.2 扣件式钢管脚手架

5.2.1 双排扣件钢管落地式脚手架

1. 搭设高度超过 50m 的双排脚手架，应采用分段悬挑搭设、双立杆搭设或分段卸荷等措施，专项方案要通过专家组的评审论证。

2. 脚手架钢管宜采用 $\phi48.3 \times 3.6mm$ 钢管。每根钢管的最大质量不应大于 25.8kg。进场使用的钢管质量应经过检查验收，钢管上严禁打孔。

3. 扣件应检查产品合格证，并应进行抽样复试，技术性能应符合《钢管脚手架扣件》GB 15831 的规定。扣件在使用前应逐个挑选，有裂缝、变形、螺栓出现滑丝现象的扣件严禁使用。

4. 作业层上的施工荷载应符合设计要求，不得超载。不得将模板支架、缆风绳、泵送混凝土和砂浆输送管等固定在架体上，严禁悬挂起重设备，严禁拆除或移动架体上安全防护设施。

5. 在脚手架使用期间，严禁拆除的杆件有：（1）主节点处的纵、横向水平杆，纵、横向扫地杆；（2）连墙件。

5.2.2 地基与基础

脚手架基础的基本要求：

1. 脚手架地基与基础的施工，应根据脚手架所受荷载、搭设高度、搭设场地土质情况与《建筑地基基础工程施工质量验收标准》GB 50202 的有关规定进行。

2. 压实填土地基应符合《建筑地基基础设计规范》GB 50007 的相关规定；灰土地基应符合《建筑地基基础工程施工质量验收标准》GB 50202 的相关规定。

3. 立杆垫板或底座底面标高宜高于自然地坪 50～100mm。

4. 脚手架基础经验收合格后，应按施工组织设计或专项方案的要求放线定位，如图 5.14、图 5.15 所示。

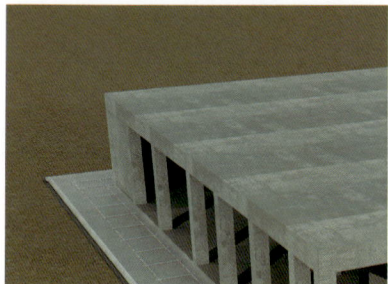
图 5.14　脚手架基础验收

图 5.15　放线定位

5.2.3　立杆与纵、横扫地杆

立杆与纵、横向扫地杆应符合下列规定：

1. 每根立杆底部宜设置底座或垫板，如图 5.16 所示。

2. 脚手架必须设置纵、横向扫地杆。纵向扫地杆应采用直角扣件固定在距钢管底端不大于 200mm 处的立杆上。横向扫地杆应采用直角扣件固定在紧靠纵向扫地杆下方的立杆上，如图 5.17 所示。

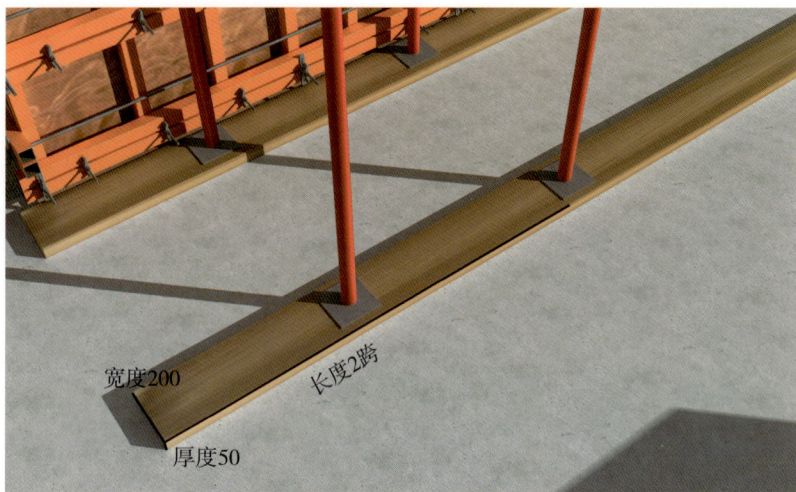
宽度200　长度2跨　厚度50
图 5.16　立杆底部设置

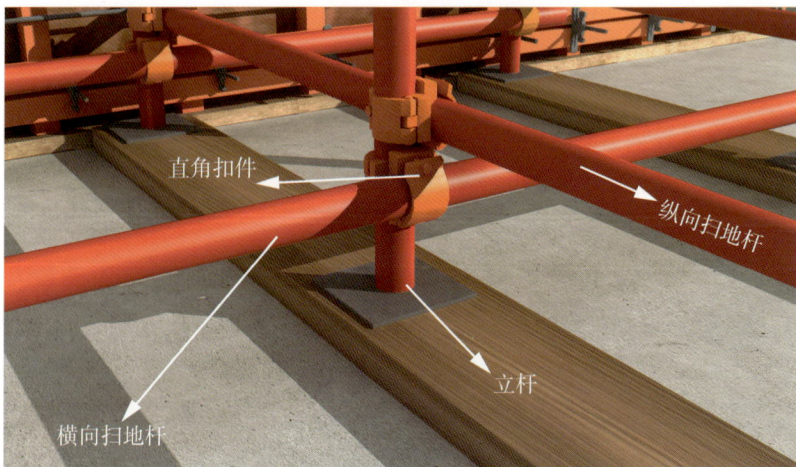
直角扣件　纵向扫地杆　立杆　横向扫地杆
图 5.17　纵、横向扫地杆、立杆连接

3．脚手架立杆基础不在同一高度上时，必须将高处的纵向扫地杆向低处延长两跨与立杆固定,高低差不应大于1m，如图5.18所示。靠边坡上方的立杆轴线到边坡的距离不应小于500mm，如图5.19所示。

4．单、双排脚手架底层步距不应大于2m。

5．单排、双排与满堂脚手架立杆接长除顶层顶步外，其余各层各步接头必须采用对接扣件连接，如图5.20所示。

6．脚手架立杆的对接、搭接应符合下列规定：

（1）当立杆采用对接接长时，立杆的对接扣件应交错布置，两根相邻立杆的接头不应设置在同步内，如图5.21所示，同步内隔一根立杆的两个接头在高度方向错开的距离不宜小于500mm，如图5.22所示；各接头中心至主节点的距离不宜大于步距的1/3。

（2）当立杆采用搭接接长时，搭接长度不应小于1m，并应采用不少于2个旋转扣件固定。端部扣件盖板的边缘至杆端距离

图5.18　高处的纵向扫地杆连接

图5.19　高处立杆距边坡距离

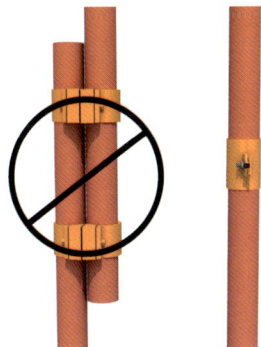

图5.20　立杆对接扣件连接

图5.21　同步内立杆的接头连接

图 5.22　相邻立杆的接头错误

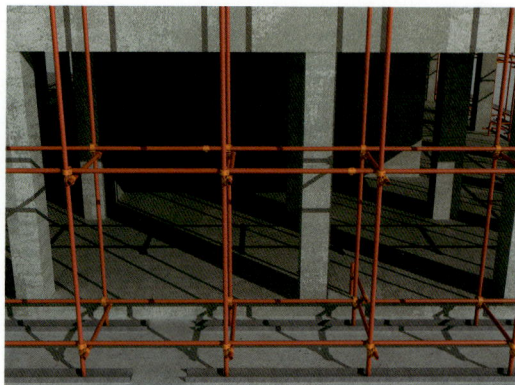

图 5.23　纵向水平杆接长

图 5.24　纵向水平杆等间距设置

不应小于 100mm。

7. 脚手架立杆顶端栏杆宜高出女儿墙上端 1m，宜高出檐口上端 1.5m。

5.2.4　纵向、横向水平杆

1. 纵向水平杆的构造应符合下列规定：

（1）纵向水平杆应设置在立杆内侧，单根杆长度不应小于 3 跨。

（2）纵向水平杆接长应采用对接扣件连接或搭接，如图 5.23 所示，并应符合下列规定：

① 两根相邻纵向水平杆的接头不应设置在同步或同跨内；不同步或不同跨两个相邻接头在水平方向错开的距离不应小于 500mm；各接头中心至最近主节点的距离不应大于纵距的 1/3。

② 搭接长度不应小于 1m，应等间距设置 3 个旋转扣件固

定；端部扣件盖板边缘至搭接纵向水平杆杆端的距离不应小于 100mm。

③ 当使用冲压钢脚手板、木脚手板、竹串片脚手板时，纵向水平杆应作为横向水平杆的支座，用直角扣件固定在立杆上；当使用竹笆脚手板时，纵向水平杆应采用直角扣件固定在横向水平杆上，并应等间距设置，间距不应大于 400mm，如图 5.24 所示。

2. 横向水平杆的构造应符合下列规定：

（1）基本规定

① 作业层上非主节点处的横向水平杆，宜根据支承脚手板的需要等间距设置，最大间距不应大于纵距的 1/2，如图 5.25 所示。

② 当使用冲压钢脚手板、木脚手板、竹串片脚手板时，横向水平杆两端均应采用直角扣件固定在纵向水平杆上。

图 5.25 横向水平杆等间距设置

③ 当使用竹笆脚手板时，横向水平杆的两端应用直角扣件固定在立杆上。

（2）主节点处必须设置一根横向水平杆，用直角扣件扣接且严禁拆除。

5.2.5 脚手板

脚手板的设置应符合下列规定：

1. 作业层脚手板应铺满、铺稳、铺实。

2. 冲压钢脚手板、木脚手板、竹串片脚手板等，应设置在三根横向水平杆上。当脚手板长度小于 2m 时，可采用两根横向水平杆支承，但应将脚手板两端与横向水平杆可靠固定，严防倾翻。脚手板的铺设应采用对接平铺或搭接铺设。脚手板对接平铺时，接头处应设两根横向水平杆，脚手板外伸长应取 130 ～ 150mm，两块脚手板外伸长度的和不应大于 300mm；脚手板搭接铺设时，接头应支在横向水平杆上，搭接长度不应小于 200mm，其伸出横向水平杆的长度不应小于 100mm，如图 5.26 所示。

3. 尽量不使用竹笆脚手板，若使用，应对接平铺，四个角应用直径不小于 1.2mm 的镀锌钢丝固定在纵向水平杆上。

4. 作业层端部脚手板探头长度应取 150mm，其板的两端均应固定于支承杆件上。

5.2.6 栏杆与挡脚板

作业层、斜道的栏杆和挡脚板搭设应符合下列规定：

1. 栏杆和挡脚板均应搭设在外立杆的内侧。

2. 上栏杆高度应为 1.2m，挡脚板高度不应小于 180mm，如图 5.27 所示，挡脚板应具有一定的强度和刚度。

3. 中栏杆应居中设置。

图 5.26 脚手板对接、搭接

图 5.27　挡脚板、栏杆高度

5.2.7　连墙件

1．脚手架连墙件设置的位置、数量应按专项施工方案确定。

2．脚手架连墙件数量的设置还应符合"连墙件布置最大间距"的规定，如表 5.1 所示。

连墙件布置最大间距　　　　表 5.1

脚手架高度		竖向间距 h	水平间距 l_a	每根连墙件覆盖面积（m^2）
双排	≤50m	$3h$	$3l_a$	≤40
	>50m	$2h$	$3l_a$	≤27
单排	≤24m	$3h$	$3l_a$	≤40

注：h—步距；l_a—纵距。

3．连墙件的布置应符合下列规定：

（1）应靠近主节点设置，偏离主节点的距离不应大于 300mm，如图 5.28 所示。

（2）应从底层第一步纵向水平杆处开始设置，当该处设置有困难时应采用其他可靠措施固定。

（3）应优先采用菱形布置，或采用方形、矩形布置。

4．开口型脚手架的两端必须设置连墙件，连墙件的垂直间距不应大于建筑物的层高，并且不应大于 4m。

5．连墙件中的连墙杆应呈水平设置，当不能水平设置时，应向脚手架一端下斜连接。

6．高度在 24m 以上的双排脚手架不允许使用柔性连墙件。

7．当脚手架下部暂时不能设连墙件时应采取防倾覆措施，如图 5.29 所示。

图 5.28　连墙件靠近主节点设置

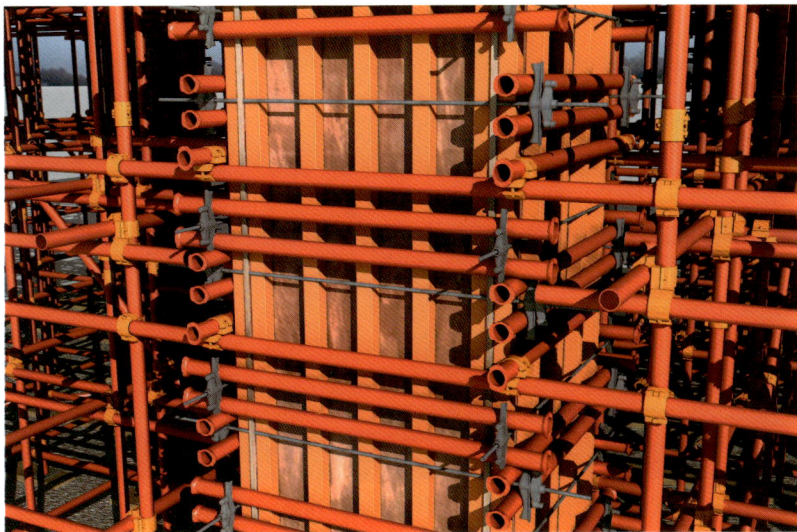

图 5.29　脚手架防倾覆

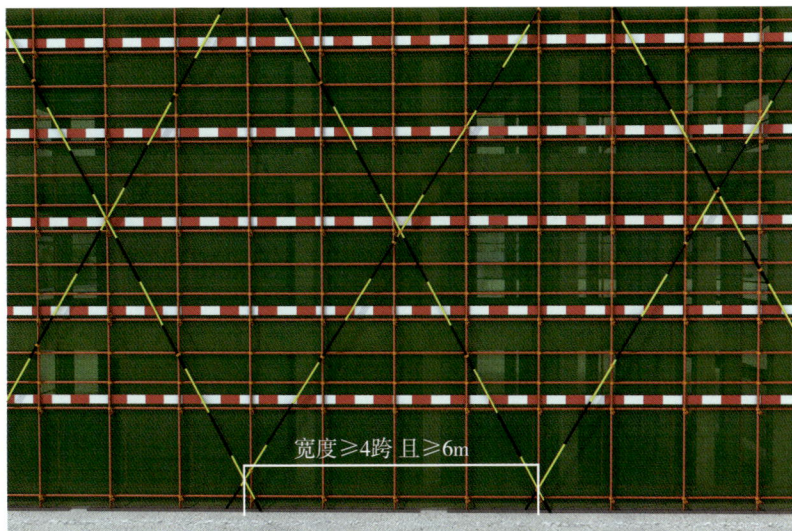

图 5.30　剪刀撑示意图

宽度≥4跨 且≥6m

5.2.8　剪刀撑与横向斜撑

1. 剪刀撑的设置应符合下列规定：

（1）每道剪刀撑跨越立杆的根数应按的规定确定，如表 5.2 所示。每道剪刀撑宽度不应小于 4 跨，且不应小于 6m，斜杆与地面的倾角宜在 45°～ 60°之间，如图 5.30 ～图 5.32 所示。

剪刀撑跨越立杆的最多根数　　　　　　　　表5.2

剪刀撑斜杆与地面的倾角α	45°	50°	60°
剪刀撑跨越立杆的最多根数n	7	6	3

水平剪刀撑

图 5.31　水平剪刀撑

图 5.32 剪刀撑与地面夹角

图 5.33 剪刀撑斜杆的接长采用搭接示意图

图 5.34 剪刀撑由底至顶连续设置

（2）剪刀撑斜杆的接长应采用搭接或对接，如图 5.33 所示。

（3）剪刀撑斜杆应用旋转扣件固定在与之相交的横向水平杆的伸出端或立杆上，旋转扣件中心线至主节点的距离不应大于 150mm。

（4）高度在 24m 及以上的双排脚手架应在外侧立面连续设置剪刀撑；高度 24m 以下的脚手架，均必须在外侧两端、转角及中间间隔不超过 15m 的立面上，各设一道剪刀撑，并应由底至顶连续设置，如图 5.34 所示。

2. 横向斜撑的设置应符合下列规定：

（1）横向斜撑应在同一节间，由底至顶层呈"之"字形连续布置。

（2）高度在 24m 以下的封闭型双排脚手架可不设横向斜撑，

高度在 24m 以上的封闭型脚手架，如图 5.35 所示，除拐角应设置横向斜撑外，中间应每隔 6 跨设置一道。

（3）开口型双排脚手架的两端均必须设置横向斜撑，如图 5.36 所示。

5.2.9　脚手架上人斜道

1. 高度不大于 6m 的脚手架，宜采用"一"字形斜道；高度大于 6m 的脚手架，宜采用"之"字形斜道，如图 5.37 所示；斜道宜附着外脚手架或建筑物设置。

2. 人行斜道的宽度不宜小于 1m，坡度宜采用 1∶3；运送材料的通道宽度不宜小于 1.5m，坡度宜采用 1∶6。

3. 斜道两侧及平台外围应设置栏杆和挡脚板，栏杆高度应为 1.2m，挡脚板高度不应小于 180mm。

4. 人行斜道和运料通道的脚手板上应每隔 250～300mm 设置一根防滑木条，木条厚度应为 20～30mm。

5.2.10　外脚手架水平防护

1. 主体施工阶段外架水平防护

（1）第一种方案是：主体结构施工阶段的外脚手架每层均满铺脚手板，脚手板铺至楼面边缘，把外架与建筑物之间的空隙封闭。

（2）第二种方案是：施工层、拆模层、第二层楼面应满铺脚手板，脚手板铺至楼面边缘。从二楼面起，每隔 12m 设置一道硬质材料的隔断防护，并在两层硬质防护中间部位张挂安全平网。非作业层楼面临边设防护栏。

（3）脚手板铺设时严禁出现探头板。脚手板端头应用 ϕ1.2mm

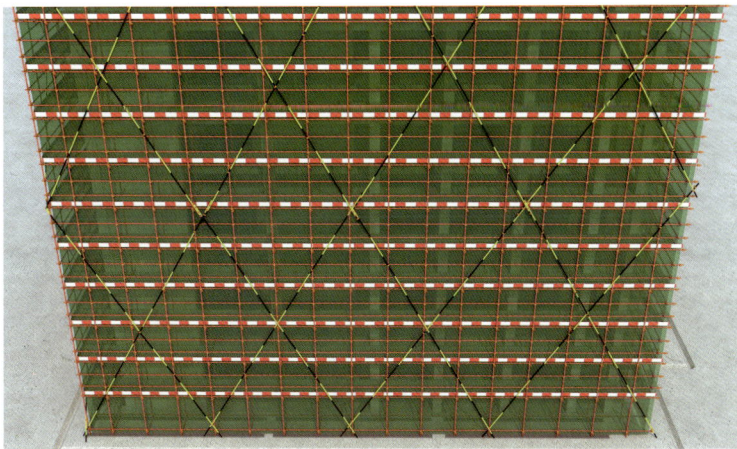
图 5.35　封闭型脚手架

图 5.36　设置横向斜撑

图 5.37　"之"字形斜道

镀锌铁丝固定在小横杆上，如图 5.38 所示。

2. 装修施工阶段外架水平防护作业层应满铺脚手板，脚手板铺至楼面边缘。

3. 脚手板铺设时严禁出现探头板。脚手板端头应用 ϕ1.2mm 镀锌铁丝固定在小横杆上。

图 5.38　脚手板端头固定

5.3　附着式升降脚手架

1. 附着式升降脚手架搭设作业应编制专项施工方案，并按规定审核、审批，如图 5.39 所示。

2. 脚手架提升高度 150m 及以上，应组织专家对专项施工方案进行论证。

3. 架体安装完毕应按规定进行整体验收，验收应有量化内容并经责任人签字确认。架体每次升、降前应按规定进行检查，并应填写检查记录。

4. 架体高度不应大于 5 倍楼层高度，宽度不应大于 1.2m；直线布置的架体支承跨度不应大于 7m，折线、曲线布置的架体支撑点处的架体外侧距离不应大于 5.4m。

5. 架体水平悬挑长度不应大于 2m，且不应大于跨度的 1/2；架体悬臂高度不应大于架体高度的 2/5，且不应大于 6m。架体高

图 5.39　附着式升降脚手架

度与支承跨度的乘积不应大于 110m²。

6. 附着支座数量、间距应符合规范要求；使用工况应将竖向主框架与附着支座固定；升降工况应将防倾、导向装置设置在附着支座上。

7. 附着式升降脚手架应安装防坠落装置，技术性能应符合规范要求。

8. 防坠落装置与升降设备应分别独立固定在建筑结构上，防坠落装置应设置在竖向主框架处，与建筑结构附着。

9. 附着式升降脚手架应安装防倾覆装置，技术性能应符合

规范要求。升降和使用工况时，最上和最下两个防倾装置之间最小间距应符合规范要求。

10. 附着式升降脚手架应安装同步控制装置，并应符合规范要求。

11. 升降工况架体上不得有施工荷载，严禁人员在架体上停留。

12. 架体安装、升降、拆除时应设置安全警戒区，并应设置专人监护。

5.4 钢管满堂模板支架

5.4.1 高大模板支撑系统

住房和城乡建设部《危险性较大的分部分项工程安全管理办法》(建质〔2009〕87 号)、《建设工程高大模板支撑系统施工安全监督管理导则》(建质〔2009〕254 号)的相关规定:

1. 属危险性较大的混凝土模板支撑工程是:搭设高度 5m 及以上;搭设跨度 10m 及以上;施工总荷载 $10kN/m^2$ 及以上;集中线荷载 15kN/m 及以上;高度大于支撑水平投影宽度且相对独立无联系构件的混凝土模板支撑工程,如图 5.40 所示。

2. 高大模板支撑专项施工方案应包括的内容:编制说明及依据;工程概况;施工计划;施工工艺技术;施工安全保证措施;劳动力计划;计算书及相关图纸等。

3. 超一定规模高大模板支撑专项施工方案提交专家组论证前,先由施工单位进行审核,经施工单位技术负责人签字后,再组织专家论证。专家论证的主要内容包括:

图 5.40 危险性较大的混凝土模板支撑(钢管满堂模板支架)

(1)方案是否依据施工现场的实际施工条件编制;方案、构造、计算是否完整、可行;

(2)方案计算书、验算依据是否符合有关标准规范;

(3)安全施工的基本条件是否符合现场实际情况。

4. 高大模板支撑系统的验收管理应符合下列规定:

(1)高大模板支撑系统搭设前,应由项目技术负责人组织对需要处理或加固的地基、基础进行验收,并留存记录。

(2)高大模板支撑系统的结构材料应进行验收、抽检和检测,并留存记录、资料:施工单位应对进场的承重杆件、连接件等材料的产品合格证、生产许可证、检测报告进行复核,并对其表面观感、重量等物理指标进行抽检;对承重杆件的外观抽检数量不得低于搭设用量的30%，发现质量不符合标准、情况严重的，要进行100%的检验，并随机抽取外观检验不合格的材料（由监理见证取样）送法定专业检测机构进行检测；采用钢管扣件搭设高大模板支撑系统时，还应对扣件螺栓的紧固力矩进行抽查，抽查数量应符合《建筑施工扣件式钢管脚手架安全技术规范》JGJ 130 的规定，对梁底扣件应进行 100% 检查。

（3）高大模板支撑系统应在搭设完成后，由项目负责人组织验收，验收合格，经施工单位项目技术负责人及项目总监理工程师签字后，方可进入后续工序的施工。

5. 高大模板支撑的地基承载力、沉降等应能满足方案设计要求。模板支撑立柱底部采用具有足够强度和刚度的垫板。高度与宽度相比大于两倍的独立支撑系统，应加设保证整体稳定的构造措施。

6. 搭设高度 2m 以上的支撑架体应设置作业人员登高措施和安全防护设施。模板支撑系统应为独立的系统，如图 5.41 所示，禁止与物料提升机、施工升降机、塔吊等起重设备钢结构架体机身及其附着设施相连接；禁止与施工脚手架、物料周转料平台等架体相连接。

7. 模板、钢筋及其他材料等施工荷载应均匀堆置，放平放稳。施工总荷载不得超过模板支撑系统设计荷载要求。模板支撑系统在使用过程中，立柱底部不得松动悬空，不得任意拆除任何杆件，不得松动扣件，也不得用作缆风绳的拉接，如图 5.42 所示。

图 5.41　模板支撑系统

图 5.42　扣件连接

8．混凝土浇筑前，确认具备混凝土浇筑的安全生产条件后，由项目技术负责人、项目总监签署混凝土浇筑令，方可浇筑混凝土。

9．框架结构中，柱和梁板的混凝土浇筑顺序，应按先浇筑柱混凝土，后浇筑梁板混凝土的顺序进行。浇筑过程应符合专项施工方案要求，并确保支撑系统受力均匀，避免引起高大模板支撑系统的失稳倾斜。浇筑过程应有专人对高大模板支撑系统进行观测，发现有松动、变形等情况，必须立即停止浇筑，撤离作业人员，并采取相应的加固措施。

10．高大模板支撑拆除前，项目技术负责人、项目总监应核查混凝土同条件试块强度报告，浇筑混凝土达到拆模强度后方可拆除，并履行拆模审批签字手续。对高大模板支撑系统进行观测，发现有松动、变形等情况，必须立即停止浇筑，撤离作业人员，并采取相应的加固措施。

11．高大模板支撑搭设、浇筑混凝土和拆除作业过程中，应有专业技术人员进行现场指导，设专人负责安全检查，地面应设置围栏和警戒标志，并派专人看守，严禁非操作人员进入作业范围，如图 5.43 所示。

5.4.2　钢管满堂支架

钢管满堂模板支架构造与安装应符合下列规定：

1．钢管规格、间距、扣件应符合设计要求。立柱及扫地杆、水平拉杆、剪刀撑应采用 ϕ48.3mm、壁厚 3.6mm 的钢管，用扣件与钢管立柱扣牢。

2．梁和板的立柱，其纵横向间距应相等或成倍数，如图 5.44 所示。

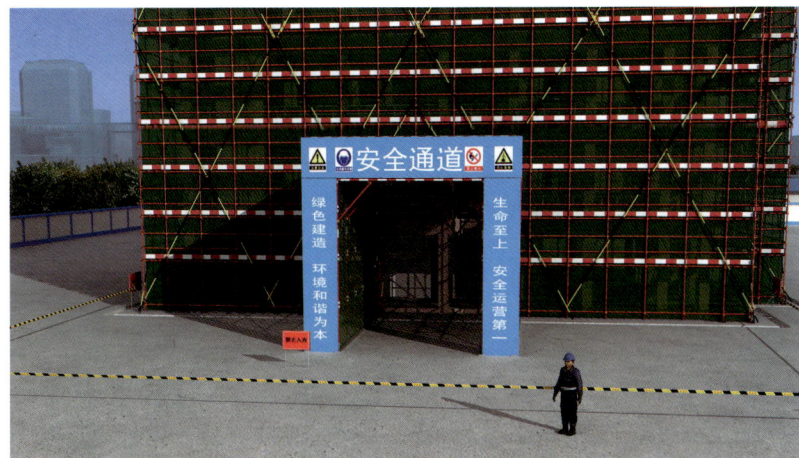
图 5.43　现场安全防护

图 5.44　立柱纵横向间距

3. 每根立柱底部应设底座及垫板。顶部应设可调支托，U 型支托与楞梁两侧间如有间隙，必须楔紧，其螺杆伸出钢管顶部不得大于 200mm，螺杆外径与立柱钢管内径的间隙不得大于 3mm，安装时应保证上下同心。

4. 在立柱底部距地面 200mm 高处，沿纵横水平方向应按纵下横上的顺序设扫地杆。可调支托底部的立柱顶端应沿纵横向设置一道水平拉杆。扫地杆与顶部水平拉杆之间的间距，在水平拉杆步距要求条件下，平均分配确定步距，每一步距纵横向各设一道水平拉杆。当层高在 8 ～ 20m 时，在最顶步距两水平拉杆中间应加设一道水平拉杆；当层高大于 20m 时，在最顶两步距水平拉杆中间应加设一道水平拉杆。所有水平拉杆的端部均应与四周建筑物顶紧顶牢。无处可顶时，应在水平拉杆端部和中部沿竖向设置连续式剪刀撑。

5. 立柱严禁搭接，必须采用对接扣件连接，也严禁将上段的立柱与下段的立柱错开固定在水平拉杆上。相邻两立柱的对接接头不得在同步内，且对接接头沿竖向错开的距离不宜少于 500mm，各接头中心距主节点不宜大于步距的 1/3，如图 5.45 所示。

6. 当立柱底部不在同一高度时，高处的纵向扫地杆应向低处延长不少于 2 跨，高低差不得大于 1m，立柱距边坡上方边缘不得少于 0.5m。

7. 扫地杆、水平拉杆应采用对接。剪刀撑应采用搭接，搭接长度不得少于 1000mm，并采用 2 个旋转扣件分别在离杆端不少于 100mm 处进行固定。剪刀撑设置应满足《建筑施工扣件式

图 5.45　立柱搭接采用对接扣件连接

钢管脚手架安全技术规范》JGJ 130 相关要求。

8. 剪刀撑应用旋转扣件固定在与之相交的水平杆或立杆上，旋转扣件中心线至主节点的距离不宜大于 150mm。

9. 当支架立柱高度超过 5m 时，应在立柱周围外侧和中间有结构柱的部位，按水平间距 6 ～ 9m、竖向间距 2 ～ 3m 与建筑结构设置固结点。

10. 支架高宽比不应大于 3。当支架高宽比大于 2 或 2.5 时，满堂支架应在支架的四周和中部与结构柱进行刚性连接，连墙件水平间距应为 6 ～ 9m，竖向间距应为 2 ～ 3m，如图 5.46 所示。在无结构柱部位应采取预埋钢管等措施与建筑物结构进行刚性连接，在有空间部位，满堂支撑架宜超出顶部加载区投影范围向外

图 5.46　满堂支架刚性连接

延伸布置 2 ～ 3 跨。

5.4.3　立杆定位

1. 不同模板支撑架的立杆不得混用。

2. 立杆底部应设置底座、垫板，并应准确地放在定位线上，

如图 5.47、图 5.48 所示。

3. 模板支架搭设时，高度小于 400mm 的梁下宜设置立杆；高度大于 400mm 的梁下必须搭设立杆，立杆数量由计算确定。

4. 满堂支撑架步距不宜超过 1.8m，立杆间距不宜超过 1.2m×1.2m，立杆伸出顶层水平杆中心线至支撑点的长度不应超过 0.5m。可调托撑螺杆伸出长度和插入立杆内的长度应满足相关规范要求。满堂支撑架搭设高度不宜超过 30m。

5. 碗扣式模板支撑架应根据所承受的荷载选择立杆的间距和步距，底层纵横向水平杆作为扫地杆，距地面高度不应大于 350mm，如图 5.49 所示，立杆底部应设置可调底座或固定底座。立杆上端包括可调螺杆伸出顶层水平杆的长度不得大于 700mm。

图 5.47　脚手架搭设前放线

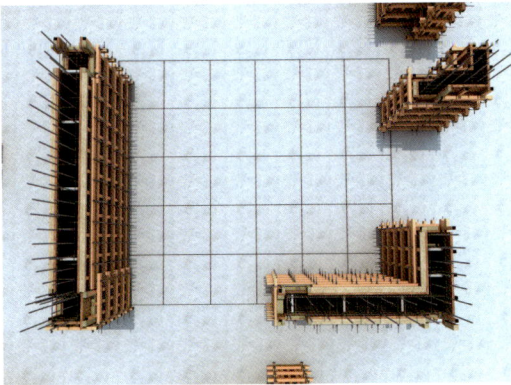

图 5.48　标准定位

图 5.49　碗扣式模板支撑架立杆底部设置

5.4.4　杆件布置与连接

1．内外立杆的连线应垂直于建筑物结构边线，紧贴每一组立杆必须设置小横杆。

2．立杆除顶层顶步外，严禁搭接。

3．纵向水平杆杆件宜采用对接，若采用搭接，其搭接长度不应小于 1m。

4．杆件接长，接头不得在同步或同跨内。

5．扣件紧固力矩不应小于 40 N·m，且不应大于 65 N·m。

6．剪刀撑、连墙件必须随脚手架同步搭设，同步拆除，严禁后搭或先拆。

5.5　满堂支撑架

1．满堂支撑架步距与立杆间距不宜超过规范《建筑施工扣件式钢管脚手架安全技术规范》JGJ 130 中规定的上限值，立杆伸出顶层水平杆中心线至支撑点的长度不应超过 0.5m。满堂支撑架搭设高度不宜超过 30m。

2．满堂支撑架立杆、水平杆的构造要求应符合规范 JGJ 130 规定。

3．满堂支撑架应根据架体的类型设置剪刀撑，并应符合下列规定：

（1）普通型：

1）在架体外侧周边及内部纵、横向每 5 ～ 8m，应由底至顶设置连续竖向剪刀撑，剪刀撑宽度应为 5 ～ 8m，如图 5.50 所示。

2）在竖向剪刀撑顶部交点平面应设置连续水平剪刀撑。当支撑高度超过 8m，或施工总荷载大于 15kN/m²，或集中线荷载大于 20kN/ m 的支撑架，扫地杆的设置层应设置水平剪刀撑。水平剪刀撑至架体底平面距离与水平剪刀撑间距不宜超过 8m，如图 5.51 所示。

（2）加强型：

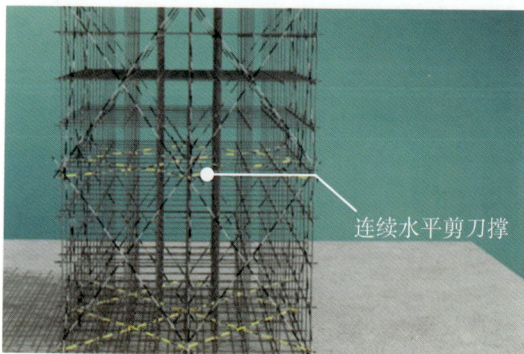

图 5.50　竖向剪刀撑

图 5.51　水平剪刀撑

1）当立杆纵、横间距为 0.9m×0.9m～1.2m×1.2m 时，在架体外侧周边及内部纵、横向每 4 跨（且不大于 5m），应由底至顶设置连续竖向剪刀撑，剪刀撑宽度应为 4 跨，如图 5.52、图 5.53 所示。

2）当立杆纵、横间距为 0.6m×0.6m～0.9m×0.9m 时，在架体外侧周边及内部纵、横向每 5 跨（且不小于 3m），应由底至顶设置连续竖向剪刀撑，剪刀撑宽度应为 5 跨，如图 5.54、图 5.55、图 5.56 所示。

3）当立杆纵、横间距为 0.4m×0.4m～0.6m×0.6m 时，在架体外侧周边及内部纵、横向每 3～3.2m 应由底至顶设置连续竖向剪刀撑，剪刀撑宽度应为 3～3.2m，如图 5.57 所示。

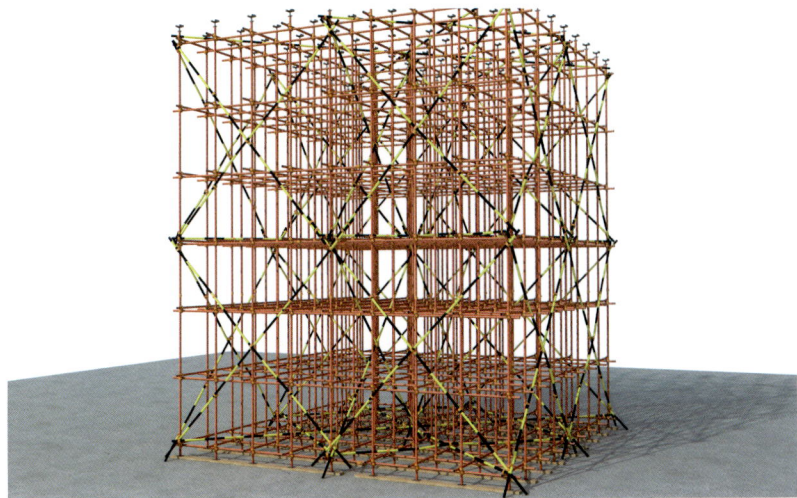

图 5.53　连续竖向剪刀撑

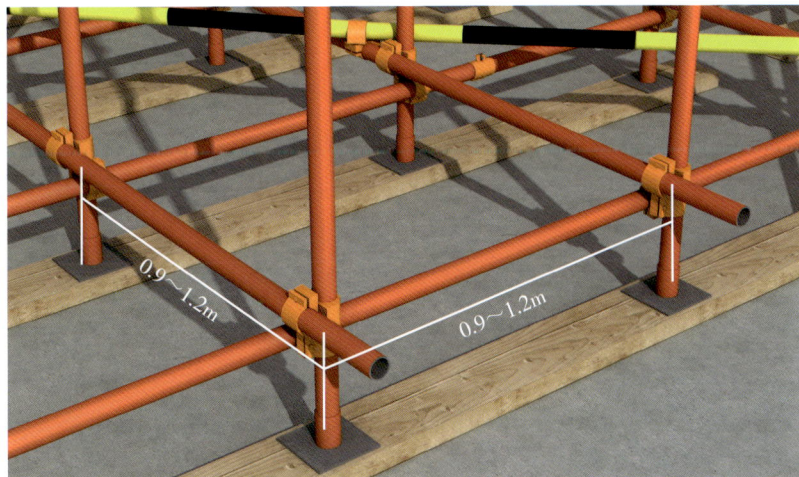

图 5.52　立杆纵、横间距

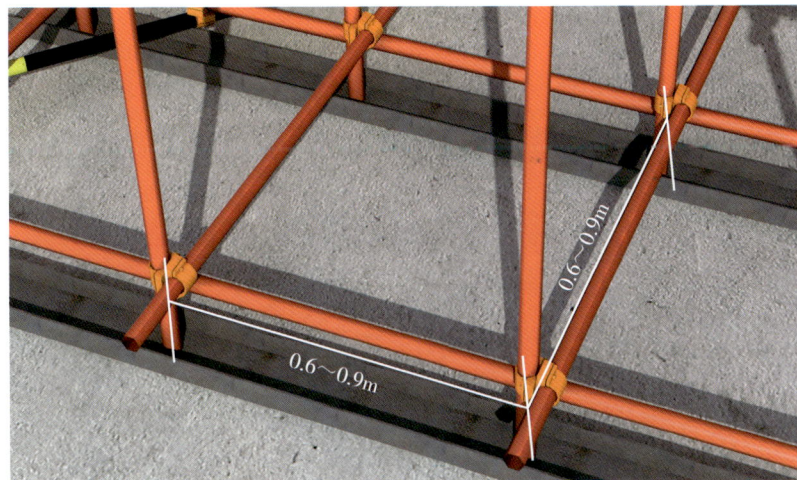

图 5.54　立杆纵、横间距

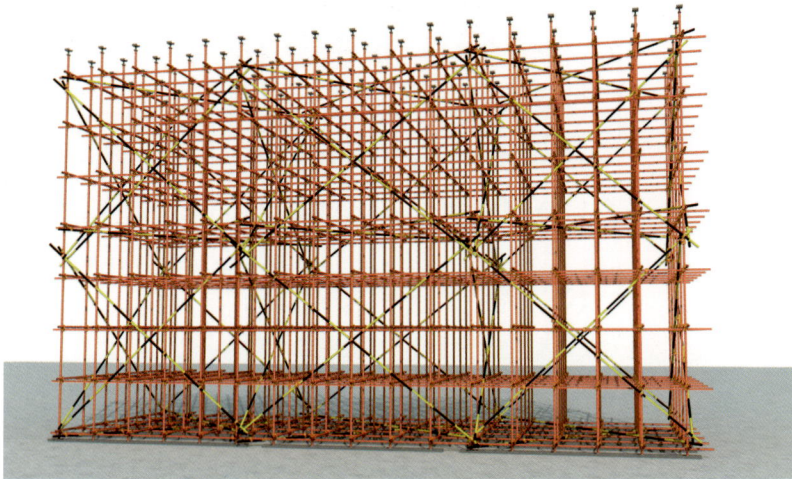

图 5.55　连续竖向剪刀撑

图 5.56　剪刀撑宽度

图 5.57　剪刀撑宽度

4）在竖向剪刀撑顶部交点平面应设置水平剪刀撑。水平剪刀撑的设置应符合 5.2.8 项的规定，水平剪刀撑至架体底平面距离与水平剪刀撑间距不宜超过 6m，剪刀撑宽度应为 3～5m。

4．竖向剪刀撑斜杆与地面的倾角应为 45°～60°，水平剪刀撑与支架纵（或横）向夹角应为 45°～60°，剪刀撑斜杆的接长应符合规范规定。

5．剪刀撑的固定应符合规范《建筑施工扣件式钢管脚手架安全技术规范》JGJ 130 规定。

6．满堂支撑架的可调底座、可调托撑螺杆伸出长度、插入立杆内的长度应满足相关规范要求。

7．当满堂支撑架高宽比不满足规范《建筑施工扣件式钢管脚手架安全技术规范》JGJ 130 中的规定（高宽比大于 2 或 2.5）时，满堂支撑架应在支架四周和中部与结构柱进行刚性连接，连墙件水平间距应为6～9m，竖向间距应为2～3m。在无结构柱部位应采取预埋钢管等措施与建筑结构进行刚性连接，在有空间部位，满堂支撑架宜超出顶部加载区投影范围向外延伸布置（2～3）跨。支撑架高宽比不应大于3。

5.6 高大模板剪刀撑

1. 满堂模板支架立柱，在外侧周围应设由下至上的竖向连续剪刀撑；中间在纵横向应每隔10m左右设由下至上的竖向连续式剪刀撑。剪刀撑杆件的底端应与地面顶紧，夹角宜为45°～60°，如图5.58所示。

2. 梁和板的立柱，其纵横向间距应相等或成倍数。

3. 当建筑层高在8～20m时，除应满足上述规定外，还应在纵横向相邻的两竖向连续式剪刀撑之间增加之字斜撑，在有水平剪刀撑的部位，应在每个剪刀撑中间处增加一道水平剪刀撑，如图5.59所示。

5.7 模板拆除顺序

1. 待混凝土强度达到规定设计要求的强度，在监理批复同意后方可拆除底模和支架。支架拆除的顺序：先拆除每跨中间部分，然后由中间向两边（支座处对称拆除）。

2. 拆除时应保证混凝土表面及棱角不因拆模而受损伤。

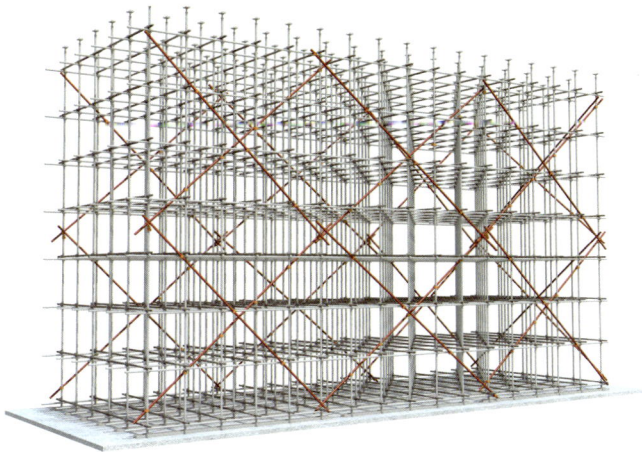

图5.58 剪刀撑杆件的底端与地面夹角

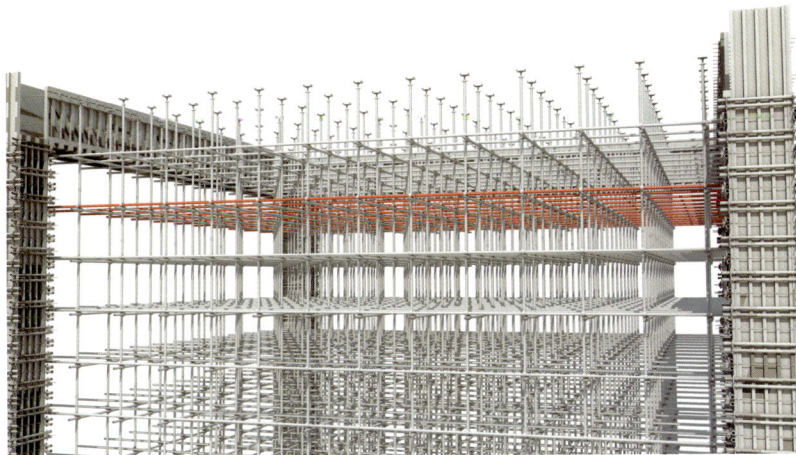

图5.59 增加水平剪刀撑

3. 先拆梁侧模再拆梁板底模。梁底模板拆除应先降低顶托，空出工作面，用倒链轻轻拉动模板，然后用木槌轻轻击打多层板，拆除一块，逐步一块一块拆除，注意不要使其自由下落，应用绳索吊下。

4. 拆下的模板应及时清理粘结物，修理并涂刷隔离剂，分类整齐堆放备用；拆下的连接件及配件应及时收集，集中统一管理。

5. 模板拆除后，再拆除满堂脚手，先拆除最上一步水平杆，空出工作面，再逐步往下拆除立杆，应注意钢管应人工传至地面，不得随意扔下。

6. 拆模板吊运时应轻起轻放，不准碰撞柱、箱梁等混凝土，以防模板变形和损坏结构。

7. 拆除模板时要轻轻撬动，使模板脱离混凝土表面，禁止狠砸硬撬，防止破坏模板和混凝土；拆下的模板，不得抛掷。

06

建筑起重机械

金属结构

安全保护装置

电气系统

缓冲器

建设工程常用的建筑起重机械包括：塔式起重机、施工升降机、钢井架物料提升机（又称简易升降机）、门式起重机、架桥机以及流动式的汽车吊机等。建筑起重机械的制造、安装、使用均纳入特种设备监察管理范围。施工现场对建筑起重机械的安装、使用、保养维修等施工活动，必须严格遵守《特种设备安全监察条例》（国务院令第 373 号）、《建筑起重机械安全监督管理规定》（建设部令第 166 号）、《危险性较大的分部分项工程安全管理办法》（建质〔2009〕87 号文）和相关的安全技术标准规定。

6.1　基本要求

1．所有起重机械安装、拆卸单位必须具有从事安装、拆卸业务的资质。

2．使用单位应具有持有建筑施工特种作业操作资格证书的建筑起重机械安装拆卸工、起重司机、起重信号工、司索工等特种作业操作人员。

3．生产厂家应具有特种设备制造许可证、产品合格证、制造监督检验证明，并已在县级以上地方建设主管部门备案登记。

4．进入现场的作业人员必须佩戴安全帽、防滑鞋、安全带等防护用品，无关人员严禁进入作业区域内。在安装、拆卸作业期间，应设警戒区。

5．起重机械的使用应符合国家现行标准《塔式起重机安全规程》GB 5144、《建筑施工塔式起重机安装、使用、拆卸安全技术规程》JGJ 196、《建筑机械使用安全技术规程》JGJ 33、《起重设备安装工程施工及验收规范》GB 50278、《起重机刚性桥式和门式起重机》GB/T 30561、《塔式起重机》GB/T 5031、《高处作业吊篮用钢丝绳》YB/T 4575 和其他标准的相关规定。

6．起重机靠近加工输电线路作业或在架空输电线路下行走时，与架空输电线的安全距离应符合现行行业标准《施工现场临时用电安全技术规范》JGJ 46 和其他相关标准的规定。

7．施工周围设明显的施工标识。

8．起重吊装作业应编制专项施工方案，并按规定进行审核、审批。

9．超规模的起重吊装作业，应组织专家对专项施工方案进行论证。

10．起重机械应按规定安装荷载限制器及行程限位装置，并灵敏可靠。

11．吊钩、卷筒、滑轮、钢丝绳等应符合规范要求。

12．索具采用绳夹连接时，绳夹规格应与钢丝绳相匹配，数量、间距应符合规范要求。

13．起重机行走作业处地面承载能力应符合说明书要求。

14．起重机与架空线路安全距离应符合规范要求。

15．起重机作业应设专职信号指挥和司索人员，一人不得同时兼顾信号指挥和司索作业。

16．应按规定设置作业警戒区，并设专人监护。

6.2 设备进退场管理

1. 进场起重设备必须在特种设备检测机构检验检测合格，并到县级以上地方人民政府建设主管部门办理使用登记手续。外租起重设备，还必须签订租赁合同和安全管理协议。

2. 进退场需要重新安装、拆卸的塔式起重机、门式起重机等设备，必须委托具有相应资质和安全生产许可证的单位进行，安装（拆卸）单位应按照安全技术标准及建筑起重机械性能要求，编制装、拆方案，经安装、拆卸单位负责人审定，报施工、监理单位审查合格后组织实施，并在安装（拆卸）前报工程所在地县级以上地方人民政府建设主管部门。

3. 施工单位应制订并落实设备安全操作规程和有关安全管理制度及专项施工方案和专项应急救援预案，编制交叉作业施工方案并与外单位签订交叉作业安全管理协议。

4. 施工单位将上述资料和保险证明装订成册报监理工程师审核，经审核同意后方可进场作业，并将使用登记表和保险证明报工程所在地县级以上地方人民政府建设主管部门。

5. 退场设备在一个工作日之内通知地方人民政府建设主管部门办理注销手续并通知监理单位。

6.3 台账记录

起重设备的台账包含以下内容：

1. 设备进场报验单。

2. 购销（租赁）合同、租赁安全管理协议书、产品合格证、产权备案表、年度检验检测报告、使用登记表。

3. 日常维修保养记录、周、月度检查记录、交接班记录、技术改造记录、运行故障和生产安全事故记录。

4. 历次安装验收记录。

5. 操作人员、指挥人员、司索、安装拆卸工特种人员操作证、安装拆卸单位资质证书和安全生产许可证。

6. 吊装作业、安装拆卸工程专项施工方案和生产安全事故应急救援预案。

7. 保险证明材料（租赁设备）。

以上资料装订成册，专项施工方案、应急救援预案可单独存放。

6.4 起重机械安装、拆卸

1. 起重机械安装施工队伍及安装的设备必须与安装告知回执登记内容一致。拆除和顶升加节作业由原安装施工队负责。应按工程合同（协议）实施施工作业内容；施工队伍要具备相应资质，特种作业人员要具有相应上岗资格。

2. 作业现场应设《施工现场起重设备安装（拆除）作业公示牌》；作业范围应设警戒线并有专人监护；施工现场应有安装作业指挥人，负责施工作业的统一组织指挥及承担施工安全的主要责任。总承包单位、监理单位应对施工现场进行监管。

3. 辅助作业的流动式起重机必须证照齐全（年度检验和使

用登记）；起重操作人员必须具有相应资格持证上岗。

4. 禁止在四级风及以上的天气作业和晚上不良照明环境下作业。

6.5　起重机械使用、维护

1. 施工现场建立建筑起重机械一机一档安全技术档案；及时、完整地登记填写设备履历手册。

2. 起重机械使用登记标志（使用安全管理信息）应置于该设备的显著位置。

3. 设置相应的设备管理机构或者配备专职的设备管理人员。

4. 明确起重机械的维护保养单位，外聘单位应有合同（协议）约定，进行经常性和定期的检查、维护保养，并做好记录。

5. 施工现场建立起重机械安全管理制度，有定期检查记录和跟踪安全隐患整改记录。

6. 起重机械操作（含指挥、司索）人员工种齐全、配备合理，持有效的特种作业人员资格证上岗。

7. 建立完善的各类起重机械安全操作规程。

8. 建立完善的起重机械台班运行记录。

9. 起重机械的机况、现场运行环境符合相关安全管理规定。

6.6　防雷、接地措施

1. 起重机械所有电气设备外壳、金属导线管、金属支架及金属线槽均应根据配电网情况进行可靠接地（保护接地或保护接零）。

2. 严禁用起重机械金属结构和接地线作为载流零线（电气系统电压为安全电压除外）。

3. 保护导线只用颜色标识时，应在导线全长上使用黄/绿双色组合。如果保护导线能容易地按其形状、位置或结构（如编织导线）识别，或者绝缘导线难以购到，则不必在导线全长上使用颜色代码，但应在端头或易接近部位上清楚地标明图示符号或黄/绿双色组合标记。

4. 对于保护接零系统，起重机械的重复接地或防雷接地的接地电阻不大于 10Ω；对于保护接地系统的接地电阻不大于 4Ω。

6.7　塔式起重机

6.7.1　相邻塔机作业运行规则

1. 低塔机让高塔机：低塔机在转臂前应先观察高塔机运行情况再进行作业。

2. 后塔机让先塔机：两塔机吊臂交叉区域内运行作业时，后进入该区域的塔机要避让先进入的塔机。

3. 动塔机让静塔机：两塔机吊臂在交叉区域内运行作业时，正在作回转或变幅的塔机要主动避让无回转、变幅动作的塔机。

4. 轻吊载塔机让重吊载塔机：相邻两塔机同时作业时，轻吊载或无吊载的塔机应避让重吊载或有吊载的塔机。

5. 客塔机让主塔机：以不同单位（工地）实际工作场地划分塔机工作区域时，若客塔机进入非本单位（工地）工作区域时，客区域的塔机应主动避让主区域的塔机。

依据上述规则，当多种情况同时出现时，原则上按上述规则的先后顺序，前者优先。

6.7.2 安全保险装置

1. 力矩限制器：当起重力矩大于相应幅度额定值并小于额定值的 110% 时，应停止上升和向外变幅动作，如图 6.1 所示。

2. 起重量限制器：当起重量大于最大额定起重量并小于 110% 额定起重量时，应停止上升方向动作，但应有下降方向动作。具有多挡变速的起升机构，限制器应对各挡位有防止超载的作用，如图 6.2 所示。

3. 起升高度限位器：对小车变幅的塔机，吊钩装置顶部升至小车架下端的最小距离为 800mm 处时，应能立即停止起升运动，但应有下降运动。对动臂变幅的塔机，当吊钩装置顶部升至起重臂下端的最小距离为 800mm 处时，应能立即停止起升运动，对设有变幅重物平移功能的塔机，还应同时切断向外变幅控制回路电源，但应有下降和向内变幅运动。所有形式塔机，当钢丝绳松弛可能造成卷筒乱绳或反卷时应设置下限位器，在吊钩不能再下降或卷筒上钢丝绳只剩 3 圈时应能立即停止下降运动，如图 6.3 所示。

图 6.1　起重力矩限制器

图 6.2　起重量限制器

图6.3 吊钩装置顶部与变幅小车架下端最小距离

4. 小车变幅限位的塔机应设置小车行程限位开关和终端缓冲装置。限位开关动作后应保证小车停车时，其端部距缓冲装置最小距离为200mm，如图6.4所示。

5. 小车断绳保护装置：双向均应设置，如图6.5所示。

6. 钢丝绳防脱装置应完整可靠。该装置表面与滑轮或卷筒侧板外缘的间隙不应超过钢丝绳直径的20%。

7. 回转限位器：对回转处不设集

电器供电的塔式起重机，应设置正反两个方向回转限位开关。开关动作时，臂架旋转角度应不大于 ±540°，如图6.6所示。

8. 吊钩防脱绳装置：吊钩应安装钢丝绳防脱装置并应完好可靠。吊钩严禁补焊，如图6.7所示。

9. 障碍指示灯：塔顶高于30m的塔机，其最高点及臂端应安装红色障碍指示灯，指示灯的供电应不受停机影响，如图6.8所示。

10. LED灯带：现场群塔存在夜间施工的情况时，推荐在塔式起重机起重臂和平衡臂上挂设LED灯带，颜色应采用红色等醒目色彩。

6.7.3 塔吊安全作业距离

1. 两台塔机之间的最小架设距离应保证处于低位塔机的起

图6.4 变幅小车距缓冲装置最小距离

图6.5 小车断绳保护装置

图 6.6　回转限位器

图 6.7　吊钩防脱保险装置

图 6.8　障碍指示灯

重臂端部与另一台塔机的塔身之间至少有 2m 的距离；处于高位塔机的最低位置的部件（吊钩升至最高点或平衡重的最低部位）与低位塔机中处于最高位置部件之间的垂直距离不应小于 2m，如图6.9 所示。

2. 塔机的尾部与周围建筑物及其外围施工设施之间的安全距离不小于 0.6m。

6.7.4 塔吊防爬防护

1. 整个平台支放在塔机标准节连接处或标准节中间位置，且该位置高于塔吊司机上塔位置 2m 处。

2. 塔吊防爬钢板网与骨架（骨架间距 1200mm）连接方式采用焊接形式。

3. 塔吊周边采用定型化钢板网围护，高度不小于 1800mm。

6.7.5 附墙操作平台

1. 操作平台搭设时依靠塔机标准节固定，钢管长度统一，底部满铺脚手板或钢筋网片，并设 1.2m 高防护栏杆，挂设安全网。钢管刷红白警示漆，如图 6.10 所示。

2. 安拆塔机附墙时，严禁将构件放在操作平台上周转、搁置。安拆完毕后应及时将工具、螺栓等清理干净。

图 6.9 两台塔机之间的安全距离

6.7.6 塔机基础维护

固定式塔机基础维护应符合下列要求：

1. 高强度地脚螺栓外露部位不应有积水。塔机钢结构外露表面不应有存水。封闭的管件和箱形结构内部不应存留水，防止内部锈蚀。

2. 在塔机基础节四周外围宜设置金属网围栏，围栏内只能安置塔机专用配电箱，不得堆放杂物。围栏上可张挂相关的施工标牌。

3. 严禁在塔机的塔身上附加广告牌或其他标语牌。

6.7.7 塔机相关部件使用规定

1. 禁止擅自在塔机上安装非原制造厂制造的标准节和附着装置。

图 6.10　塔机附墙操作平台

图 6.11　塔机主要受力结构件螺栓连接

2．主要受力结构件的螺栓连接部位应采用高强度螺栓，高强度螺栓应有性能等级标识及合格证书。

3．螺栓连接部位应有防螺母松脱措施，一般采用双螺母拧紧，螺母拧紧后螺栓应露出不少于一扣的螺纹，如图 6.11 所示。

4．塔机的塔身标准节、起重臂节、拉杆、塔帽等结构件应具有可追溯出厂日期的永久性标志。同一塔身的不同规格的塔身标准节应具有永久性的区分标志。

6.7.8　与建筑物连通的塔机走道

在建筑物高处与塔机连通的走道，是专供塔机司机和保养维修人员使用的通道，其搭设必须符合安全规定：

1．走道应用金属材料制作，并具有防滑性能。在使用圆孔、栅格或其他不能形成连续平面的材料时，孔或间隙的大小不应使直径为 20mm 的球体通过。在任何情况下，孔或间隙的面积应小于 $400mm^2$。

2．走道宽度不应小于 500mm，局部有妨碍处可以降至 400mm。平台和走道上操作人员可能停留的每一个部位都不应发生永久变形。走道应设置防止操作人员跌落的手扶栏杆，手扶栏杆的高度不应低于 1m，并能承受 100N/m 的水平移动集中载荷。

在栏杆一半高度处应设置中间横杆。

6.7.9　塔机安全管理其他要求

1. 起重臂根部铰点高度大于 50m 的塔机，应配备风速仪。当风速大于工作极限风速时，应能发出停止作业的警报。风速仪应设在塔机顶部的不挡风处，如图 6.12 所示。

2. 在塔机司机室内易于观察的位置应设有常用操作数据的标牌或显示屏。标牌或显示屏的内容应包括幅度载荷表、主要性能参数、各起升速度挡位的起重量等。标牌或显示屏应牢固、可靠，字迹清晰、醒目。司机室内应配备符合消防要求的灭火器。

3. 塔机在安装前和使用过程中，发现有下列情况之一的，不得安装和使用：

（1）结构件上有可见裂纹和严重锈蚀的；

（2）主要受力构件存在塑性变形的；

（3）连接件存在严重磨损和塑性变形的；

（4）钢丝绳达到报废标准的；

（5）安全装置不齐全或失效的。

6.8　施工升降机

施工升降机的安装、维修、拆除必须由具备资质的专业队伍实施，日常的维护保养和管理应由专职人员负责。施工升降机的安装、使用、维护保养及拆除，应严格执行国家相关规范的规定。严禁使用带病运行和有故障的施工升降机。严禁在超过额定载重量或额定乘员数的情况下使用施工升降机，如图 6.13 所示。

图 6.12　风速仪

驱动机构

安全保护装置

电气系统

金属结构

图 6.13　施工升降机

6.8.1 安全监控管理系统

1. 施工升降机应安装安全监控管理系统。

2. 应具有司机识别模块、防冲顶预警模块、防超员预警模块、远程监控模块、限位检测预警模块、防超重预警模块等。

6.8.2 安全装置

1. 应安装防坠安全器且灵敏可靠。防坠安全器应每年进行至少一次检验标定；防坠安全器的寿命为 5 年，超过 5 年应予以报废。施工升降机使用期间，每 3 个月应进行不少于一次的额定载重量的坠落试验。采用轴传感器应加设防剪轴措施。

2. 施工升降机应安装超载保护装置和电气安全保护装置等，并应灵敏可靠，如图 6.14 所示。

3. 吊笼的控制装置应安装非自动复位型的急停开关，任何时候均可切断控制电路停止吊笼运行。

4. 底架应安装吊笼和对重缓冲器，缓冲器应符合规范要求，如图 6.15 所示。

5. 施工升降机标准节连接时，宜螺杆在下，螺母在上。应有双螺母防松措施且螺栓高出螺母顶平面 3 倍螺距。双螺母中，外边防松螺母应采用自锁螺母。施工升降机导轨架的连接螺栓必

图 6.14 超载保护装置和电气安全保护装置

图 6.15 对重缓冲器

须使用高强度螺栓，并按要求进行紧固。严禁用一般螺栓替代，如图6.16所示。

6.施工升降机应安装非自动复位型极限开关并应灵敏可靠，如图6.17所示。

7.必须安装自动复位型上、下行程限位开关并应灵敏可靠，如图6.18所示。

8.齿轮齿条式施工升降机上极限开关与上限位开关之间的安全越程不应小于0.15m，如图6.19所示。

9.极限开关、限位开关应设置独立的触发元件。

10.吊笼门应安装机电联锁装置并应灵敏可靠，如图6.20所示。

11.吊笼应安装顶门电器安全联锁开关，并应灵敏可靠。

12.施工升降机在接高附着的过程中，其附着间距及自由端高度应符合说明书的规定，严禁超高，附墙架平面与水平面的夹角须小于8°，如图6.21所示。

6.8.3　施工升降机安全管理规定

施工现场应落实有关管理工作和做好相关设施的设置：

1.制定完善的安全操作规程和管理制度，操作人员持特种作业资格证上岗。

2.在施工升降机首层围栏处设置该台设备的安全管理信息牌。

3.施工升降机首层进出口应设置符合规定的水平安全挡板。

4.支撑各楼层登机平台的支架体系应独立搭设，并与在建建筑物充分拉结。

5.登机平台及层门的设置应符合相关安全规定。

6.吊笼的安全防坠器应在有效的标定期内。各吊笼应在每三个月内进行一次防坠落试验，并作好试验记录，各项安全技术

图6.16　高强度连接螺栓

图6.17　非自动复位型极限开关

图6.18　自动复位型上、下行程限位开关

图 6.19　上极限开关与上限位开关之间的最小安全越程　　图 6.20　吊笼门机电联锁保护装置　　图 6.21　施工升降机附墙

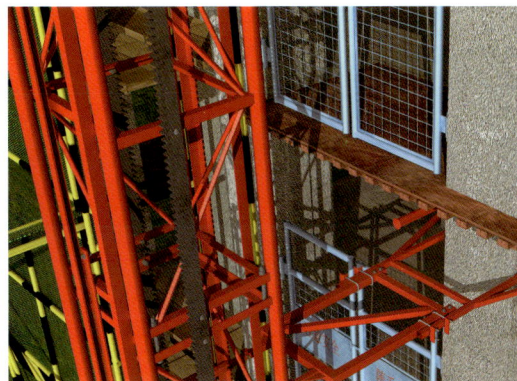

指标符合要求后施工升降机方能继续使用。

7. 做好日常和定期的维护保养工作,落实定期安全检查工作。

6.8.4　施工升降机平台与层门

施工升降机首层以上的登机层门设置规定:

1. 施工升降机的每一个登机处应设置层门,层门不得向吊笼通道开启,封闭式层门上应设有视窗,如图 6.22 所示。

2. 全高度层门,层门打开后的净高度不应小于 2.0m。在特殊情况下,当进入建筑物的入口高度小于 2.0m 时,则允许降低层门框架高度,但净高度不应小于 1.8m。

3. 装载和卸载时,吊笼门与登机平台边缘的水平距离不应大于 50mm。

4. 正常工况下,关闭的吊笼门与层门间的水平距离不应大于 200mm。

5. 层门应全宽度挡住开口,与地面的最大间隙为 35mm。

6. 层门两侧应设置高度不小于 1.2m 的护栏,护栏的中间高度应设横杆,护脚板高度不小于 180mm。

7. 层门外设锁止装置,锁止上的紧固件应有防松装置。锁止装置楼内人员应不能触及,由施工升降机司机操控层门的开、关。在锁止位置应能承受 1kN 沿开门方向的力。

6.8.5　地面防护栏

1. 地面防护围栏的任一 2500mm² 的方形或圆形面积上,应能承受 350N 的水平力而不产生永久变形。

2. 地面防护围栏的高度不应低于 1.8m。对于钢丝绳式的货用施工升降机,其地面防护围栏的高度不低于 1.5m。

3. 地面防护围栏可采用实体板、冲孔板、焊接或编织网等制作。

图 6.22　施工升降机平台与层门

4. 在施工升降机底部（防护围栏）易于观察的位置固定标牌，标牌的内容应符合《施工升降机》GB/T 10054 的要求。

6.9　吊笼

6.9.1　基本要求

1. 载人吊笼应封顶，且在吊笼底板与顶板之间应全高度有立面（含门）围护。网孔立面的孔眼或开口还应符合表6.1的规定。载人吊笼门框的净高度至少为 2.0m，净宽度至少为 0.6m。门应能完全遮蔽开口，其开启高度不应低于 1.8m。

2. 如果吊笼顶作为安装、拆卸、维修的平台或设有天窗，则顶板应抗滑且周围应设防护栏。该护栏的高度不小于 1.1m，护栏的中间高度应设横杆，踢脚板高度不小于 100mm。护栏顶板边缘的距离不应大于 100mm。

孔眼或开口尺寸　　　　　　　　　　　　　　　　表6.1

与相近运动部件的间距 a（mm）	孔眼或开口的尺寸 b（mm）
$a \leqslant 22$	$b \leqslant 10$
$22 < a \leqslant 50$	$10 < b \leqslant 13$
$50 < a \leqslant 100$	$13 < b \leqslant 25$

注：若孔眼或开口是长方形，则其宽度不应大于表内所列最大数值，其长度可大于表内最大数值。

3. 封闭式吊笼顶部应有紧急出口，并配有专用扶梯。出口面积不应小于 0.4m×0.6m，出口应装有向外开启的活板门，并设有电气安全开关，当门打开时，吊笼不能启动。

4. 若在吊笼立面上设紧急逃离门，其尺寸应是：宽度不小于 0.4m、高度不小于 1.4m，且应向吊笼内侧打开或是滑动型的门，并设有电气安全开关，当门打开时，吊笼不能启动。

5. 货用施工升降机的吊笼也应设置顶棚，侧面围护高度不应小于 1.5m。

6. 施工升降机宜设置楼层信号联络装置。

6.9.2　防护设施

1. 吊笼周围应安装地面防护围栏，防护围栏的安装高度、强度应符合规范要求，围栏门应安装机电联锁装置并应灵敏可靠。

2. 地面出入通道防护棚的搭设应符合规范要求。

3. 停层平台两侧应设置防护栏杆、挡脚板，平台脚手板应铺满、铺平。

4. 层门安装高度、强度应符合规范要求，并应定型化。

5. 附着装置以上导轨架自由端高度不得超过使用说明书的要求，且应将架体最上端一节标准节去齿条，并与一般标准节有明显颜色区分，以防冒顶。

6. 吊笼内外应设置严禁超员和限乘9人警告标志。

6.9.3　吊笼天窗与安全防坠器

1. 吊笼天窗是检修人员的通道，又是发生意外时吊笼内人员的逃生通道，天窗处于常闭状态。一般情况下，当天窗打开后，吊笼则不能启动。因此，禁止人为把保险开关的触轮绑紧，打开天窗以便用施工升降机运载超过吊笼高度的物件的违章行为。

2. 作用于安全器上的载荷，包括防护目标的自重、升降机额定工作载荷（或额定安装载荷）和随行电缆及其他零部件产生的载荷。选用安全器时，其额定制动载荷不应小于前述载荷总和。安全防坠器不得擅自将其拆开，应定期送专业机构进行安全标定，现行规定安全防坠器的标定有效期为一年，如图6.23所示。

6.10　汽车吊

6.10.1　支设

1. 起重机行驶和工作的场地应平坦坚实，保证在工作时不沉陷，不得在倾斜的地面行驶和作业，视其土质的情况，起重机的作业位置应离沟渠、基坑有必要的安全距离。

2. 在撑脚板下垫方木，调整机体，使回转支承面与地面的倾斜度在无负荷时，不大于1/1000，支腿有定位销的必需插上，如图6.24所示。

图6.23　安全防坠器

6.10.2　绳索

绳索宜采用6×37型钢丝绳制成环式或8股头式；吊索的绳环或两端的绳套可采用压接接头，压接接头的长度不应小于钢丝绳直径的20倍，且不应小于300mm。8股头吊索两端的绳套可根据需要装上桃形环、卡环或吊钩等吊索附件。

6.10.3　吊装工作区

吊装工作区应有明显标志，并设专人警戒，与吊装无关人员严禁入内。起重机工作时，起重臂杆旋转半径范围内，严禁站人或通过，如图6.25所示。

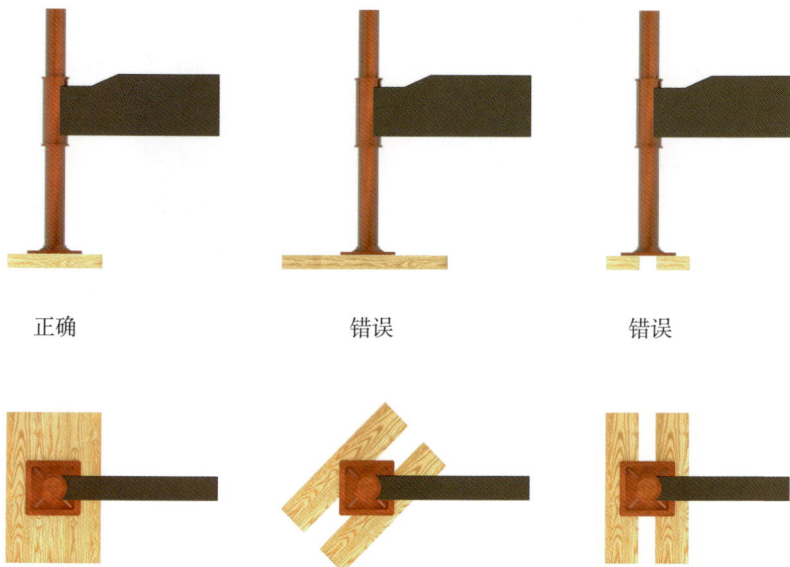

图 6.24 汽车吊支设

图 6.25 吊装工作区警戒

6.11 桥式和门式起重机

6.11.1 基本要求

1. 应在门式起重机轨道两侧安装隔离栏杆。隔离栏杆和门式起重机的距离为 0.5m 以上，隔离栏杆必须延伸到轨道的终端并做封闭，如图 6.26 所示。

2. 井口上部的门式起重机轨道两侧必须设工作平台，平台用走道板进行铺设固定。

3. 门式起重机隔离道如与人行道有交叉，必须设置活动入口，

活动入口可采用活动链条封闭或活动伸缩杆封闭。

6.11.2 运行机构

1. 起重机路基和轨道的铺设应符合出厂规定，轨道接地电阻不应大于 4Ω。两轨道衔接处，应在轨道上设置跨接地线。桥、门式起重机轨道应平顺，轨道压板、夹板螺栓无松动，如图 6.27 所示。

2. 在轨道上运行的门式、桥式起重机的运行机构、起重小车的运行机构及起重机的变幅机构等均应装设缓冲器或缓冲装置。缓冲器或缓冲装置可以安装在起重机上或轨道端部止挡装置

图 6.26　门式起重机隔离栏杆

上，如图 6.28 所示。

3．轨道端部止挡装置应牢固可靠，防止起重机脱轨，如图 6.29 所示。

4．门式起重机应设夹轨器、锚定装置或其他抗风防滑装置。夹轨器等制动装置和锚定装置应能与运行机构联锁，如图 6.30 所示。

5．在轨道上行驶的桥、门式起重机和起重小车，均应设置扫轨板，其扫轨板底面与轨道顶面之间的间隙一般为 5 ～ 10mm，如图 6.31 所示。

6．当两台或两台以上的起重机械或起重小车运行在同一轨道上时，应装设防碰撞装置。如需严格控制相互间距离时，宜设定距装置。

图 6.27　行车轨道

图 6.28 缓冲器

图 6.29　轨道端部止挡装置

6.11.3　司机室

1. 司机室应设有门锁、灭火器和电铃或警报器，必要时还要设置通信装置。

2. 应在司机方便操作的地方设置急停开关和接通、断开起重机总电源的开关（照明信号除外），如图 6.32 所示。

3. 司机室应具有符合结构要求和操作安全的最大视野。

6.11.4　联锁保护

1. 进入桥式起重机和门式起重机的门，和从司机室登上桥架的舱口门，应能联锁保护；当门打开时，应断开由于机构动作可能会对人员造成危险的机构电源。

2. 司机室与进入通道有相对运动时，进入司机室的通道口，应设联锁保护；当通道口的门打开时，应断开由于机构动作可能会对人员造成危险的机构电源。

3. 可在两处或多处操作的起重机，应有联锁保护，以保证只能在一处操作，防止两处或多处同时都能操作。

4. 当既可以电动，也可以手动驱动时，相互间的操作转换应能联锁。

6.11.5　其他安全防护装置

1. 桥式起重机司机室位于大车滑触线一侧，在有触电危险的区段，通向起重机的梯子和走台与滑触线间应设置防护板进行隔离。

2. 桥式起重机大车滑触线侧应设置防护装置，以防止小车在端部极限位置时因吊具或钢丝绳摇摆与电缆卷盘意外接触。

3. 多层布置桥式起重机时，下层起重机应采用电缆供电。

4. 在门式起重机上应设置蜂鸣器、闪光灯等作业报警装置，如图 6.33 所示。

图 6.30　夹轨器

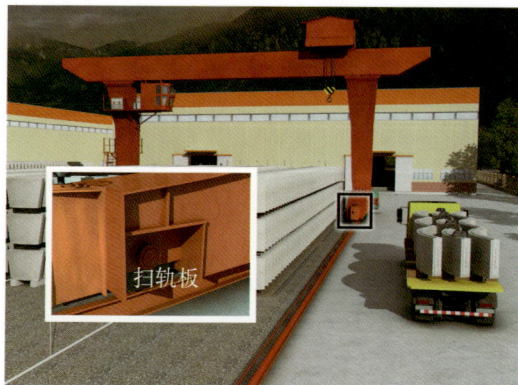

图 6.31　扫轨板

图 6.32　司机室急停开关

图 6.33　闪光灯

图 6.34　建筑起重机械安全管理信息牌

6.12　起重设备检查要点

6.12.1　人员持证情况

起重设备的安装拆卸工、起重司机、起重指挥、司索等特种作业人员应当经建设主管部门考核合格，并取得特种作业操作资格证书后，方可上岗作业。

6.12.2　设备标识

起重设备必须在指定位置张挂使用登记牌、人员信息牌（尺寸一致）和操作规程，并在醒目位置设置安全管理信息牌，如图6.34 所示。

6.12.3　安全警告和信号

起重设备吊钩夹板、起重臂头部、转台尾部等突出部位应涂刷警告图案；起重设备应装有音响清晰的喇叭、电铃和汽笛等信号装置。

6.12.4　各类安全装置

起重设备的变幅指示器、吊钩高度限位器、起重量限制器以及各种行程限位开关等安全保护装置必须齐全、灵敏可靠，不得随意拆除或调整；严禁利用限制器和限位装置代替操作系统。

6.12.5 卷筒和滑轮

1. 钢丝绳在卷筒上排列应整齐有序，在臂架最小幅度、吊钩处于最低位置时在卷筒上至少保留3圈。卷筒两侧边缘高度应超过最外层钢丝绳直径的两倍。

2. 卷筒上钢丝绳尾端固定装置应有防松或自紧性能，卷筒防脱棘爪灵敏可靠。

3. 滑轮槽应光洁平滑，不应有损伤钢丝绳的缺陷；滑轮边缘应有防脱挡绳杆，离钢丝绳距离不大于绳径的20%。

4. 卷筒和滑轮有下列情况之一的应予以报废：

（1）裂纹或边缘破损；

（2）卷筒壁磨损量达到原壁厚的10%；

（3）滑轮槽不均匀磨损达到3%；

（4）滑轮绳槽壁厚磨损量达到原壁厚的20%；

（5）滑轮槽底的磨损量超过相应钢丝绳直径的25%；

（6）其他能损害钢丝绳的缺陷。

6.12.6 吊具索具

1. 钢丝绳固定：

（1）采用绳卡固定时，最后一个绳卡距离绳头的长度不得小于140mm。绳卡夹板应在钢丝绳承载时受力一侧，"U"形螺栓在钢丝绳的尾端，不得正反交错。绳卡初次固定后，应待钢丝绳受力后再度紧固，并宜拧紧到使两绳直径高度压扁1/3，作业中应经常检查紧固情况；

（2）采用编插固结时，编插部分的长度不得小于钢丝绳直径的20倍，且最短长度不小于300mm，其编插部分应捆扎细钢丝；

（3）采用楔形套固定时，楔形套型号与钢丝绳直径相匹配，楔形套不得有裂纹。尾绳用单个绳卡卡紧或用细钢丝绑扎，细钢丝绑扎长度不小于绳径的1.5倍，防止尾绳松散。

2. 钢丝绳应有制造厂签发的产品技术性能和质量证明文件。使用的钢丝绳规格、型号应符合该机说明书要求并与滑轮和卷筒相匹配，穿绕正确，不得有扭结、压扁、弯折、断股、断丝、断芯、笼状畸变等变形。

3. 钢丝绳有下列情况之一应报废：

（1）表层钢丝绳直径磨损超过原直径的40%；

（2）钢丝绳直径减少量达到7%；

（3）钢丝绳有明显的内部腐蚀；

（4）局部外层钢丝绳伸长显"笼"状畸变；

（5）钢丝绳出现整股断裂；

（6）钢丝绳的纤维芯直径增大较严重；

（7）钢丝绳发生扭结、变折塑性变形、麻芯脱出、受电弧高温灼伤影响钢丝绳性能指标。

4. 吊钩上必须具有防绳松脱的保护装置。吊钩和吊环严禁补焊，当出现下列情况之一时必须更换：

（1）表面有裂纹、裂口；

（2）危险断面及钩颈有永久变形；

（3）挂绳处磨损超过原厚度的 10%；

（4）吊钩衬套磨损超过原厚度的 50%；

（5）心轴（销子）磨损超过其直径的 3% ～ 5%。

5．吊具严禁使用螺纹钢制作。

6.12.7 安全距离

1．起重机任何部位或被吊物边缘在最大倾斜时与架空线路最小安全距离符合表 6.2 要求：

2．起重设备停放位置与基坑水平方向应保持 2m 安全距离。

起重机与架空线路边线的最小安全距离　　　表6.2

电压（kV） 安全距离（m）	<1	10	35	110	220	330	500
沿垂直方向	1.5	3.0	4.0	5.0	6.0	7.0	8.5
沿水平方向	1.5	2.0	3.5	4.0	6.0	7.0	8.5

6.12.8 基础及轨道

1．起重设备的作业基础和行走道路应平坦坚实，如地面松软或不平时应采取铺设走道板等措施。

2．塔式起重机基础必须严格执行《塔式起重机混凝土基础工程技术规范》JGJ/T 187 并有可靠的接地和排水措施，接地电阻不大于 4Ω。

3．门式起重机设置扫轨器且离轨道间距不大于 10mm，接地电阻不大于 4Ω，轨道两端设置挡轨器。

6.12.9 其他

1．履带吊起重臂超过 55m 的应装设风速仪和报警装置，额定起重量大于 32t 的，必须装设力矩限制器且误差不大于 8%，额定起重量大于 50t 的，必须装设水平仪。门式起重机卷筒应设置排绳器。

2．吊装作业必须编制安全专项施工方案，经施工单位技术负责人审核签字后，不需要专家论证的，由项目总监理工程师审核签字；需要专家论证的，施工单位必须组织专家论证报告修改完善方案，并经单位技术负责人、总监理工程师、建设单位项目负责人签字后，方可组织实施。多台起重设备交叉作业或危险性较大的吊装作业，必须向监理工程师提交起重吊装申请。

3．作业前对起重作业人员进行书面安全技术交底，并配备必要的专用工具。调查周边作业环境，包括地基基础、地下管线、架空线路、周围构建筑物等，要与其他作业点和环境因素保持安全距离，设置吊装危险区域，悬挂安全警示牌，禁止无关人员进入。

4．起重吊装作业严格遵守吊装作业"十不吊"规定，并做好交接班记录。根据吊装作业等级，委派现场管理人员现场监管。吊装作业"十不吊"规定如图 6.35 ～图 6.44 所示。

5．停止作业后，应将所有操作杆放在空挡位置，各制动器加保险固定。履带吊将起重臂转至顺风方向并降至 40° ～ 60° 之间，吊钩提升至接近顶端位置；汽车吊将起重臂全部收缩在支架上，收回支腿，吊钩用专用钢丝绳挂牢。遇有雷雨、大雾和六级以上大风等恶劣天气时，应停止一切操作，塔式起重机应松开回转限制器，门式起重机应锁紧夹轨器，履带式起重机应停放在地势高处，并将起重臂放至最低位置。

图 6.35　歪拉斜吊不吊

图 6.36　超负荷不吊

图 6.37　埋在地下或粘连在地面不知重量的物件不吊

图 6.38　无人指挥或多人指挥、违章指挥和信号不明不吊

图 6.39　小物件未用吊篮或超过吊篮边缘不吊

图 6.40　起吊物上站人或有活动物品不吊

图 6.41　起吊物和附件捆绑不符合安全要求不吊

图 6.42　吊物边缘锋利、棱形物体无防护措施不吊

图 6.43　安全装置失灵不吊

图 6.44　暴雨、暴雪、大雾、六级以上大风等恶劣天气不吊

07

施工机具

隔离措施

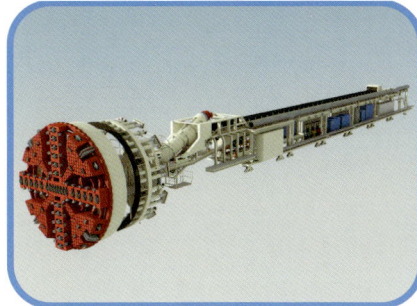

7.1 基本要求

施工现场的施工机具的使用，应符合《建筑机械使用安全技术规程》JGJ 33、《施工现场机械设备检查技术规程》JGJ 160 和有关标准的规定。使用单位应建立健全施工现场机械设备（机具）安全使用管理制度和岗位责任制度，保证机械设备（机具）的完好，确保使用安全。

施工机具使用的一般规定：

1. 操作人员必须体检合格，无妨碍作业的疾病和生理缺陷，经过专业培训、考核合格取得操作证后，并经过安全技术交底，方可持证上岗；学员应在专人指导下进行工作。

2. 特种设备由建设行政主管部门、公安部门或其他有权部门颁发操作证。非特种设备由企业颁发操作证。

3. 机械必须按照出厂使用说明书规定的技术性能、承载能力和使用条件，正确操作，合理使用，严禁超载、超速作业或任意扩大使用范围。

4. 机械上的各种安全防护及保险装置和各种安全信息装置必须齐全有效。机械使用与安全生产发生矛盾时，必须首先服从安全要求。

5. 机械作业前，施工技术人员应向操作人员进行安全技术交底。操作人员应熟悉作业环境和施工条件，听从指挥，遵守现场安全管理规定。

6. 在工作中操作人员和配合作业人员必须按规定穿戴劳动保护用品，长发应束紧不得外露。

7. 操作人员在每班作业前，应对机械进行检查，机械使用前，应先试运转。

8. 操作人员在作业过程中，应集中精力正确操作，注意机械工况，不得擅自离开工作岗位或将机械交给其他无证人员操作。无关人员不得进入作业区或操作室内。

9. 操作人员应遵守机械有关保养规定，认真及时做好机械的例行保养，保持机械的完好状态。机械不得带病运转。

10. 实行多班作业的机械，应执行交接班制度，认真填写交接班记录；接班人员经检查确认无误后，方可进行工作。

11. 应为机械提供道路、水电、机棚及停机场地等必备的作业条件，并应消除各种安全隐患。夜间作业应设置充足的照明。

12. 机械设备的基础承载能力必须满足安全使用要求，机械安装后，必须经机械、安全管理人员共同验收合格后，方可投入使用。

13. 排除故障或更换部件过程中，要切断电源和锁上开关箱，并专人监护。

14. 新机、经过大修或技术改造的机械，必须按出厂使用说明书的要求和现行国家标准进行测试和试运转，并应符合《建筑机械使用安全技术规程》JGJ 33 中附录 A 的规定。

15. 机械在寒冷季节使用，应符合《建筑机械使用安全技术规程》JGJ 33 的规定。

16. 机械集中停放的场所，应有专人看管，并应设置消防器材及工具；大型内燃机械应配备灭火器；机房、操作室及机械四周不得堆放易燃、易爆物品。

17. 变配电所、乙炔站、氧气站、空气压缩机房、发电机房、锅炉房等易于发生危险的场所，应在危险区域界限处，设置围栅和警示标志，非工作人员未经批准不得入内。挖掘机、起重机、打桩机等重要作业区域，应设置警示标志及安全措施。

18. 在机械产生对人体有害的气体、液体、尘埃、渣滓、放射性射线、振动、噪声等场所，应配置相应的安全保护设备、监测设备（仪器）、废品处理装置；在隧道、沉井、管道基础施工中，应采取措施，使有害物控制在规定的限度内。

19. 停用一个月以上或封存的机械，应认真做好停用或封存前的保养工作，并应采取预防风沙、雨淋、水泡、锈蚀等措施。

20. 机械使用的润滑油（脂）的品牌应符合出厂使用说明书的规定，并应按时更换。

21. 当发生机械事故时，应立即组织抢救，保护好事故现场，并按国家有关事故报告和调查处理规定执行。

22. 违反本规程的作业指令，操作人员应先说明理由，后拒绝执行。

现场机具验收如图 7.1 所示。

7.2 小型机具

小型机具一般规定：

1. 中小型机械应安装稳固，接地或接零及漏电保护器齐全有效。

图 7.1 现场机具验收

2. 中小型机械上的传动部分和旋转部分应设有防护罩，作业时，严禁拆卸。室外使用的机械均应搭设机棚或采取防雨措施。

3. 机械启动后应空载试运转，确认正常后方可作业。

4. 作业时，非操作和辅助人员不得在机械四周停留观看。

5. 作业后，应清理现场，切断电源，锁好电闸箱，并做好日常保养工作。

6. 中小型机械不能满足安全使用条件时，应立即停止使用。

7.2.1 小型机械防护棚

1. 塔吊作业半径内小型机械作业必须安装双层防护棚。

2. 各构件可分段加工，用螺栓连接，便于安装及运输。

3. 立柱应设置混凝土基础，各构件应焊接牢固，确保稳定性。小型机具防护棚效果如图 7.2 所示。

7.2.2　钢筋加工机械

1. 钢筋加工机械防护罩：

（1）钢筋传动机皮带传动部位必须使用金属骨架的防护网作为防护罩；

（2）按照电气的规定，设备外壳应做保护接零（接地），开关箱内装设漏电保护器（30mAXO.ls）；

（3）明露的机械传动部位应有牢固、适用的防护罩，防止物料带入，保障作业人员的安全；

（4）设备金属外壳与 PE 线的连接点不少于两处。

钢筋加工机械防护罩如图 7.3 所示。

2. 钢筋加工区的安全防护：

（1）施工现场的钢筋加工区地面应用混凝土做硬化处理；

（2）机械加工区域应搭设符合要求的安全防护棚、设置安全防护栏；

（3）固定式钢筋机械应有可靠的基础、安装稳固，有足够的工作空间；

（4）供电线路应采用埋地敷设的方式，接近机位的垂直引出线应有防护套管保护；

（5）每台钢筋机械应固定设置专用开关箱，开关箱与钢筋机械的距离不应大于 3m，开关与钢筋加工机械位置如图 7.4 所示。

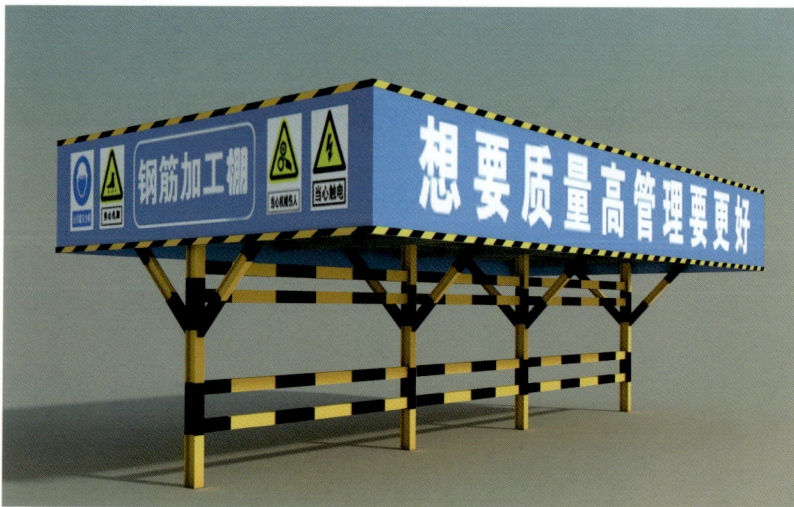

图 7.2　小型机具防护棚效果图

图 7.3　钢筋加工机械防护罩

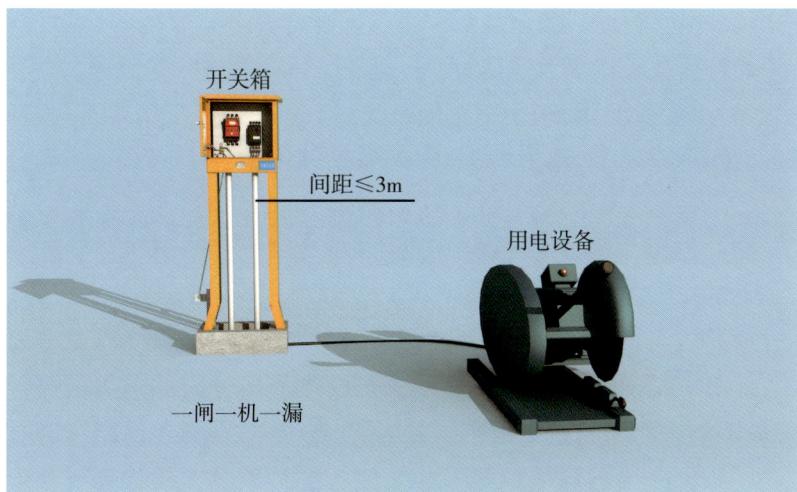

图 7.4　开关箱与钢筋加工机械位置效果图

图 7.5　钢筋切断机

3．钢筋切断机：

（1）切断钢筋时，手和刃的距离应保持 150mm 以上，严禁用手直接清除切刃附近的断头和杂物；

（2）加工较长的钢筋时，应有专人帮扶，并听从操作人员指挥，不得任意推拉。钢筋切断机如图 7.5 所示。

4．钢筋弯曲机：

（1）严禁在钢筋弯曲机的作业半径和机身不设固定销的一侧站人；

（2）根据工件要求准备好各种芯轴及工具。钢筋的放置要和挡铁轴、工作盘旋转方向配合，不能放反。

钢筋弯曲机如图 7.6 所示。

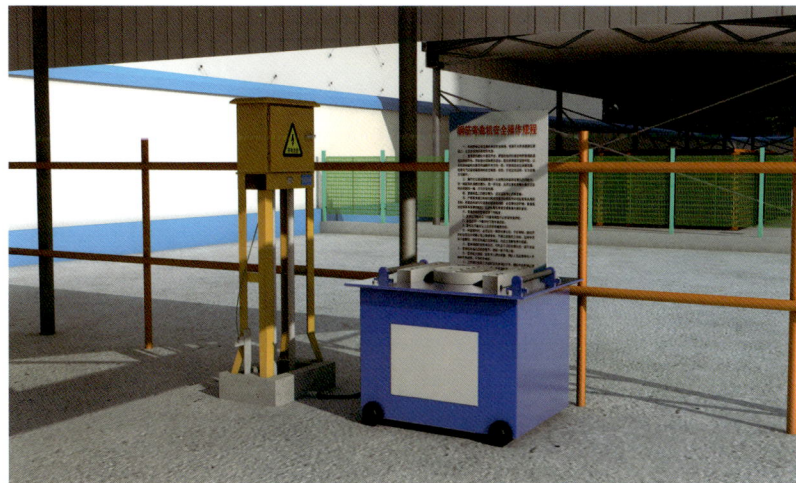

图 7.6　钢筋弯曲机

5. 钢筋调直机：

（1）按照电气的规定，设备外壳应做保护接零（接地），开关箱内装设漏电保护器（30mAXO.ls）；

（2）明露的机械传动部位应有牢固、适用的防护罩，防止物料带入，保障作业人员的安全。

钢筋调直机如图 7.7 所示。

7.2.3 电焊机

1. 交流弧焊机一次侧电源线长度不应大于 5m，其电源进线处必须设置防护罩；二次线应采用防水橡皮护套铜芯软电缆，电缆长度不应大于 30m，不得采用金属构件或结构钢筋代替二次线的地线。

2. 电焊机应设置防雨罩，接线柱应设置防护罩。

3. 接地（接零）应良好，应配装二次侧漏电保护器。

4. 电焊机防雨车：由钢结构组成，顶部有盖板，底部装有滚轮。四面装有栏杆，形成一个封闭的可移动箱体。

5. 交流电焊机必须安装防二次侧触电保护器。

6. 焊钳与把线必须绝缘良好、连接牢固，不得采用钢筋等金属构件代替二次线的接地。

7. 使用电焊机的一般规定：

（1）电焊机应放置在防雨、干燥和通风良好的地方。焊接现场不得有易燃、易爆物品；

（2）使用电焊机焊接时必须穿戴防护用品，严禁露天冒雨从事电焊作业；

（3）电焊钳应有良好的绝缘和隔热能力；电焊钳握柄应绝缘良好，握柄和导线连接应牢靠，接触应良好；

（4）焊接场所不准堆放易燃易爆物品，施焊前应办动火审批手续，采取防火措施，作业完成后要清理作业场所。

电焊机如图 7.8 所示。

图 7.7　钢筋调直机

图 7.8　电焊机

7.2.4 对焊机

1. 对焊机闪光区应设置防护挡板或防护棚，并清理周边易燃易爆物品。

2. 冷却装置水路应畅通，不得有漏水。

对焊机如图 7.9 所示。

图 7.9　对焊机

7.2.5 气焊设备

1. 气焊设备的一般规定：

（1）氧气瓶、乙炔瓶及其安全附属装置的检验检测由出租单位负责，使用单位应收集以上资料并加强日常管理；

（2）乙炔瓶、氧气瓶及软管、阀、表等均应齐全有效，紧固牢靠，不得松动、破损和漏气。氧气瓶及其附件、胶管、工具不得沾染油污。软管接头不得采用铜质材料制作；

（3）氧气瓶必须安装减压器、防震圈和安全帽，乙炔瓶必须安装回火防止器；压力表不得损坏，输气管应用抱箍固定并不得老化、漏气，氧气橡胶管为红色，乙炔橡胶管为黑色。

气焊设备如图 7.10 所示。

图 7.10　气焊设备

2. 气焊设备的使用：

（1）气割枪点火时，必须按"先开乙炔、先关乙炔"的顺序操作；

（2）氧气瓶和焊炬（焊枪）相互间的距离不得小于 10m，氧气瓶、乙炔瓶之间安全距离不得小于 5m，离明火安全距离不得小于 10m。当不满足上述要求时，应采取隔离措施，如图 7.11

图 7.11　气焊设备使用

所示；

（3）不得将橡胶软管背在背上操作。当焊枪内带有乙炔、氧气时不得放在金属管、槽、缸、箱内；

（4）氧气瓶禁止倒置，乙炔瓶禁止倒置或卧放并有防倾倒措施，禁止用金属棒等硬物敲击乙炔瓶；

（5）使用中，当氧气软管着火时，不得弯折软管断气，应迅速关闭氧气阀门，停止供氧；当乙炔软管着火时，应先关熄矩火，可采用弯折前面一段软管将火熄灭；

（6）冬天露天施工，当乙炔软管和回火防止装置冻结时，严禁用火焰烘烤，可用热水或在暖气设备下化冻。

3. 气焊设备的存放：

（1）氧气、乙炔瓶禁止暴晒、撞击和同车运输，运输车上必须配消防灭火器材；

（2）仓库 1.5m×1.5m×1.8m，采用压型彩钢板制作；顶部标示仓库名称，门上张贴明显警示标志；

（3）氧气、乙炔存放处应有安全规定和标志及灭火器材。

气焊设备的存放如图 7.12、图 7.13 所示。

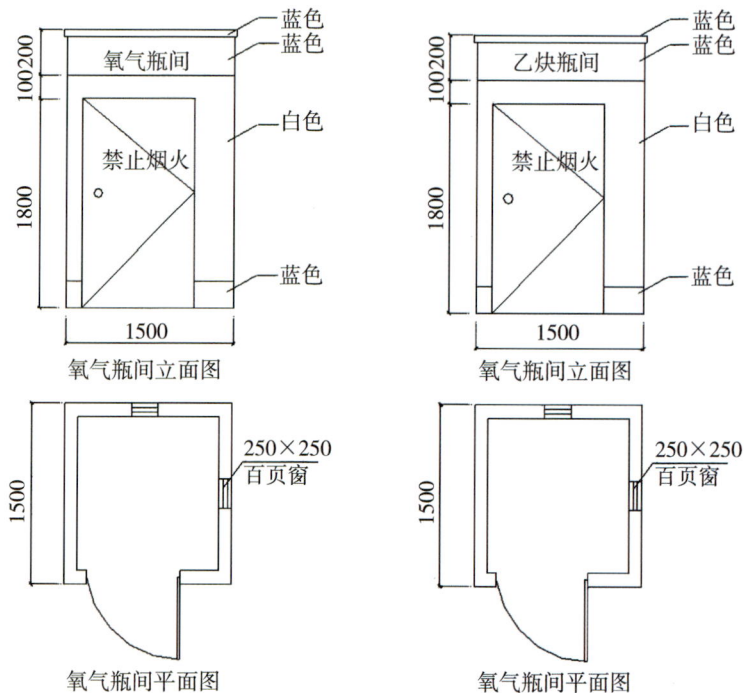

图 7.12　气焊设备的存放示意图

图 7.13　气焊设备的存放

2. 泵应放在坚固的篮筐里放入水中或将泵的四周设立坚固的防护网，泵应直立于水中，水深不得小于 0.5m，不得在含泥沙的浑水中使用。泵应设置接零保护或漏电保护装置。

3. 接通电源后，应先试运转，检查旋转方向是否正确，水外运转时间，不得超过 5min。经常注意水位变化，叶轮中心距离水面距离应在 0.5 ～ 3m 间，泵体不得陷入污泥，电缆不可与井壁、池壁相擦。

4. 数台水泵并列安装时，其扬程宜相同，每台之间应有 0.8 ～ 1.0m 距离；串联安装时应有相同的流量。

5. 水泵放入水中或提出水面时，应先切断电源，严禁拉拽电缆或出水管。

潜水泵如图 7.15 所示。

7.2.6　空压机储气罐

1. 空压机应有防噪音装置，皮带轮应有防护罩或防护挡板。

2. 各安全阀动作应灵敏可靠，压力表应灵敏可靠，计测准确。

空压机如图 7.14 所示。

7.2.7　潜水泵

1. 启动前应检查事项：水管应绑扎牢固；放气、放水、注油等螺栓均旋紧；叶轮和进水节应无杂物；电缆绝缘良好。

图 7.14　空压机

图 7.15　潜水泵使用

7.2.8 切割机

1. 切割机必须使用绝缘手柄。

2. 切割机砂轮应有防止火星飞溅的防护罩。

3. 严禁在砂轮上打磨用具。

切割机如图 7.16 所示。

7.2.9 振动器

1. 操作人员需要掌握一定的用电知识。操作振动器作业时，穿戴好胶鞋和绝缘橡皮手套。

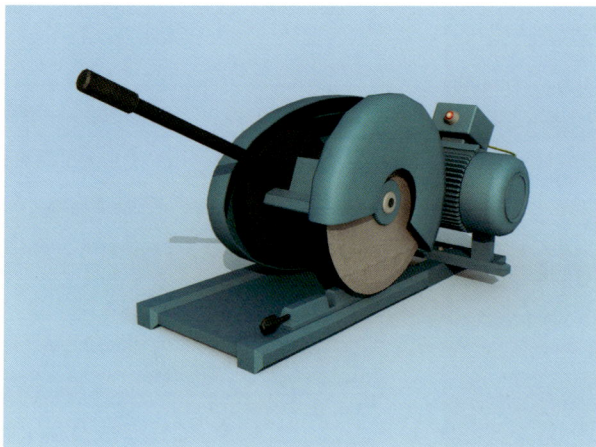

图 7.16 切割机

图 7.17 振动器

2. 振动棒软管不得出现断裂，当软管使用过久长度增长时，及时修复或更换。

3. 电缆线应满足操作所需长度。电缆线上不得堆压物品或让车辆挤压，严禁拖拉电缆线或吊挂振动器。

4. 振动器不得在初凝的混凝土、地板、脚手架和干硬的地面上试振。在检修或作业间断时，断开电源。

5. 作业停止需要移动振动器时，先关闭电动机、再切断电源。不得用软管拖拉电动机。

振动器如图 7.17 所示。

7.2.10 平刨设备

平刨一般规定：

1. 明露的机械传动部位应有牢固、适用的防护罩，防止物料带入；

2. 设备外壳应做保护接零，开关箱内装设漏电保护器（30mAXO.ls）；

3. 平刨应在刨口处，设安全护罩，防护罩是采用铝板加工而成，防护压板、护罩等安全防护装置应齐全、可靠，指示标志应醒目有效；

4. 开关箱与平刨距离不超过 3m，设刨花防尘袋固定在刨花出口处，安拆方便。

平刨设备如图 7.18、图 7.19 所示。

7.2.11 手持电动工具

1. 手持电动工具按电击保护方式可分为 3 类：

（1）I 类工具。

图 7.18 平刨设备

图 7.19 平刨台面

Ⅰ类工具是防止触电的保护方面不仅依靠基本绝缘，而且它还包含一个附加的安全预防措施，其方法是将可触及的可导电的零件与已安装的固定线路中的保护（接地）导线连接起来，以这样的方法来使可触及的可导电的零件在基本绝缘损坏的事故中不成为带电体。

（2）Ⅱ类工具。

Ⅱ类工具在防止触电的保护方面不仅依靠基本绝缘，而且它还提供双重绝缘或加强绝缘的附加安全预防措施，没有保护接地或依赖安装条件的措施。Ⅱ类工具分绝缘外壳Ⅱ类工具和金属外壳Ⅱ类工具，Ⅱ类工具应在工具的明显部位标有Ⅱ类结构符号"回"。

（3）Ⅲ类工具。

Ⅲ类工具在防止触电的保护方面依靠由安全特低电压供电和在工具内部不会产生比安全特低电压高的电压。

2. 使用手持电动工具的一般规定：

（1）施工现场使用手持电动工具，必须遵守《手持式电动工具的管理、使用、检查和维修安全技术规程》GB/T 3787 的规定；

（2）使用刃具的机具，应保持刃磨锋利，完好无损，安装正确，牢固可靠。使用过程中要佩带绝缘手套，施工区域光线充足；

（3）使用砂轮的机具，应检查砂轮与接盘间的软垫并安装稳固，螺帽不得过紧，凡受潮、变形、裂纹、破碎、磕边缺口或接触过油、碱类的砂轮均不得使用，并不得将受潮的砂轮片自行烘干使用；

（4）在潮湿地区或在金属构架、压力容器、管道等导电良好的场所作业时，必须使用双重绝缘或加强绝缘的电动工具；

（5）非金属壳体的电动机、电器，在存放和使用时不应受压、受潮，并不得接触汽油等溶剂；

（6）作业前的检查应符合下列要求：

① 外壳、手柄不出现裂缝、破损；

② 电缆软线及插头等完好无损，开关动作正常，保护接零正

确牢固可靠；

③各部防护罩齐全牢固，电器保护装置可靠。

（7）机具启动后，应空载运作，应检查并确认机具联动灵活无阻。作业时，应加力平稳，不可用力过猛；

（8）严禁超载使用。作业中应注意音响及温升，发现异常应立即停机检查。在作业时间过长，机具温升超过 60℃时，应停机，自然冷却后再行作业；

（9）作业中，不得用手触摸刃具、模具和砂轮，发现其有磨钝、破损情况时，应立即停机休整或更换，然后再继续进行作业；

（10）机具转动时，操作人员不得离开；

3. 手持电动工具安全操作规程。

施工单位应制定手持电动工具相应安全操作规程，安全操作规程的内容至少应包括：

（1）工具的允许使用范围；

（2）工具的正确使用方法和操作程序；

（3）工具使用前应着重检查的项目和部位，以及使用中可能出现的危险和相应的防护措施；

（4）工具的存放和保养方法；

（5）操作者注意事项。

手持电动工具防护用品如图7.20所示。

图 7.20　手持电动工具防护用品

7.3　大型设备

7.3.1　大型设备检查与验收

1. 产品合格证、成槽机和各类桩机年度检查检测报告、人员操作证、进场验收记录。

2. 日常维修保养记录、定期检查记录、技术改造记录、运行故障和生产安全事故记录。

3. 专项施工方案和生产安全事故应急救援预案。

4. 大型设备进场必须办理进场报验手续，由施工单位、监理单位共同验收，做好验收记录。

5. 设备退场及时报告建设工程主管部门和监理单位。

7.3.2　基本要求

1. 各种成件、零部件及附属装置应齐全、完整；钢结构不应有变形，主要受力构件的焊缝不得有开焊、裂纹，螺栓连接及销连接应牢靠。

2. 机身张贴或悬挂操作规程牌。标识和吊索具参照起重设备相关标准要求执行。

3. 成槽机、三轴搅拌桩机、挖掘机等操作人员必须持有效证件上岗作业。

4. 作业前应对操作人员进行安全技术交底，并严格遵守《建筑机械使用安全技术规范》JGJ 33 要求。

5. 严禁设备超负荷或带病作业。

6. 作业时，应密切关注周边作业环境，有危险时应立即撤离。

7. 作业完成后，应切断设备电源或关闭发动机，锁好制动和门窗。

7.3.3　成槽机

1. 成槽器的运作必须在视线范围之内。成槽器、履带上严禁站人。

2. 在进行回转前必须确认周围无人，在任何情况下都不允许在作业人员的头顶上或运送车辆的驾驶室顶上回转。

3. 成槽器起升起高，操纵室内警报器发出警报后，应立即停止起升。

4. 禁止对成槽器和摇臂施加横向载荷。

5. 离开机械时，必须将成槽器降到地面放稳，并将所有操作杆都按停机要求放置。

成槽器如图 7.21 所示。

7.3.4　土方机械（挖掘机、装载机、压路机等）

1. 作业前，应查明施工场地明、暗设置物（架空电缆、地下电缆、管线、坑道等）的地点和走向，并采用明显记号标明。

2. 在行驶或作业中，除驾驶员外，任何人不得乘坐土方机械。

3. 挖掘机作业时，回转半径内严禁站人。

土方机械如图 7.22 所示。

图 7.21　成槽机

图 7.22　土方机械

7.3.5 桩机

1. 桩基施工机械安装完毕应按规定履行验收程序，并经责任人签字确认。

2. 作业前编制专项方案，并对作业人员进行安全技术交底。

3. 按规定安装安全装置，并灵敏可靠。

4. 机械作业区域地基承载力应符合机械说明书要求。

5. 桩机作业区内应无高压线路。作业区有明显标志或围栏，非工作人员不得入内。高度超过20m桩机必须安装防雷装置。

6. 在设备施工范围用醒目的安全防护绳（带）与周围进行隔离，并树立明显标识牌，防止闲散人员误入施工现场造成安全隐患，夜间施工，则在施工位置悬挂红色警示灯。

7. 机械与输电线路安全距离应符合现行行业标准《施工现场临时用电安全技术规法》JGJ 46 的要求。

土方机械如图 7.23、图 7.24 所示。

图 7.23　三轴搅拌桩机

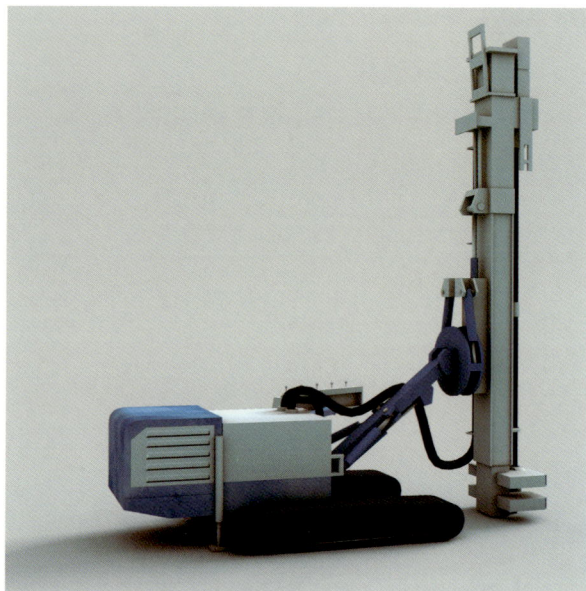

图 7.24　高压旋喷桩机

7.4　盾构机

7.4.1　基本要求

1. 盾构机的选用应与周围岩土条件相适应。各总成件、零部件及附属装置应齐全、完整；钢结构不应有变形，主要受力构件的焊缝不应有开焊、裂纹，螺栓连接及销连接应牢靠。

2. 高压用电作业人员必须取得高压电工证。高压电缆施工完成后，必须请有资质的单位现场电试；电试合格后方可供电使用。

3. 施工单位应编制内容包括供电、变电、照明、通信联络、隧道运输、起重作业、通风、人行通道、给水排水的安全管理措施的施工组织设计。制定负环、反力架及始发托架安装方案，洞口维护结构凿除方案。

4. 配备有毒有害气体检测仪，每 6h 测试一次；当地质条件发生变化时，每 2h 测试一次，并做好书面记录。

5．供紧急情况使用的通信联络设备、避难用设备器具、急救设备、器材、应急医疗设备、消防设备应齐全，并在有效期内。

盾构机如图 7.25 所示。

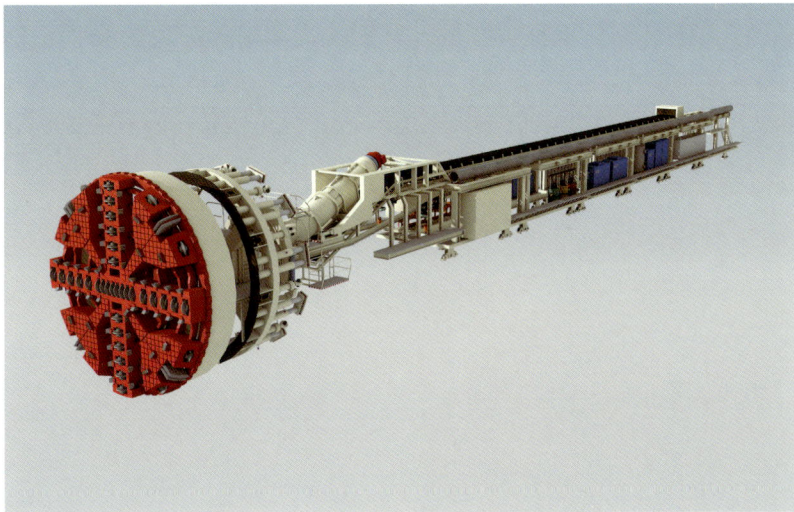

图 7.25　盾构机

7.4.2　电瓶车

1．电瓶车驾驶员应持有效证件上岗，起步前需先观察四周，确认无妨碍行车安全的故障后，先鸣笛，后起步。

2．电瓶车驾驶门应装有电器连锁装置，当门打开时，总电源应自动切断。行车和倒退时严禁将身体的任何部位露出驾驶室外。

3．任何人不得搭乘电瓶车进出隧道。

4．严禁超速行驶。电瓶车在直线上行驶最高不得超过 10km/h，接近岔道前限速至 3km/h，在弯道和靠近工作面 100m 距离时限速 5km/h，并打铃警示，注意来往行人随时鸣笛。

5．电瓶车设置后视摄像头并开启，驾驶员密切关注显示屏。

6．电瓶车制动装置及电气线路良好，轨道铺设应牢固，轨距符合说明书要求，两端头必须设置挡轨器。

电瓶车如图 7.26 所示。

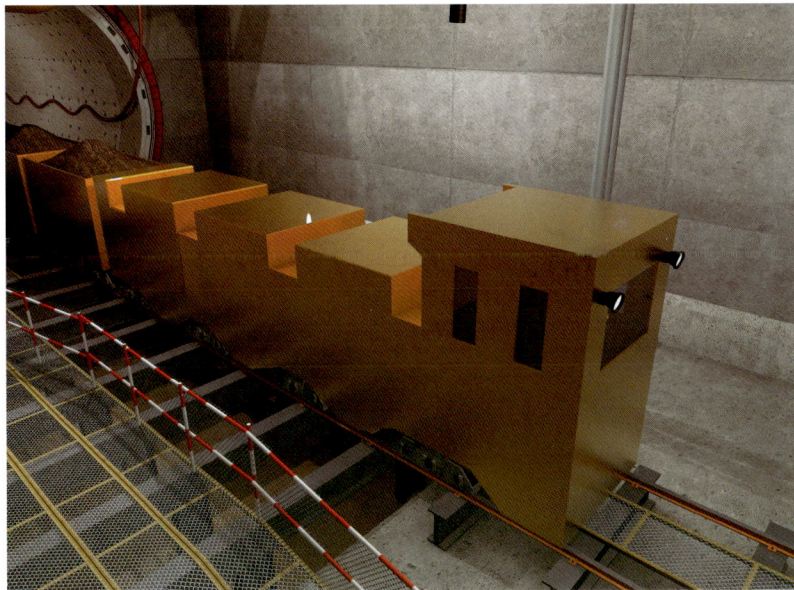

图 7.26　电瓶车

7.4.3　管片拼装机

1. 管片拼装机应由专人操作、专人指挥。

2. 举重臂旋转时严禁作业人员进入举重臂活动范围内。举重臂必须在管片固定后方可复位，封顶块拼装就位未完成连接和螺栓紧固，作业人员严禁进入封顶块下方。

3. 管片拼装机旋转时，作业人员必须离开拼装机旋转范围。

4. 管片起吊销必须全插到位，并时刻注意旋转过程中销子是否脱出。

管片拼装机如图 7.27 所示。

7.4.4　开挖系统

1. 刀盘开口率应符合说明书规定的允许范围，刀盘密封油脂密封应良好。

2. 刀具不应偏磨、崩刃；刀具与刀座连接牢固。

3. 压力仓上的开口、盾壳上的阀门不应有堵塞、缺损。

4. 超挖装置调整应方便、可靠；能准确控制超挖量和超挖范围。

5. 螺旋输送机的出土速率应与土仓进土速率一致。

盾构刀盘系统如图 7.28 所示。

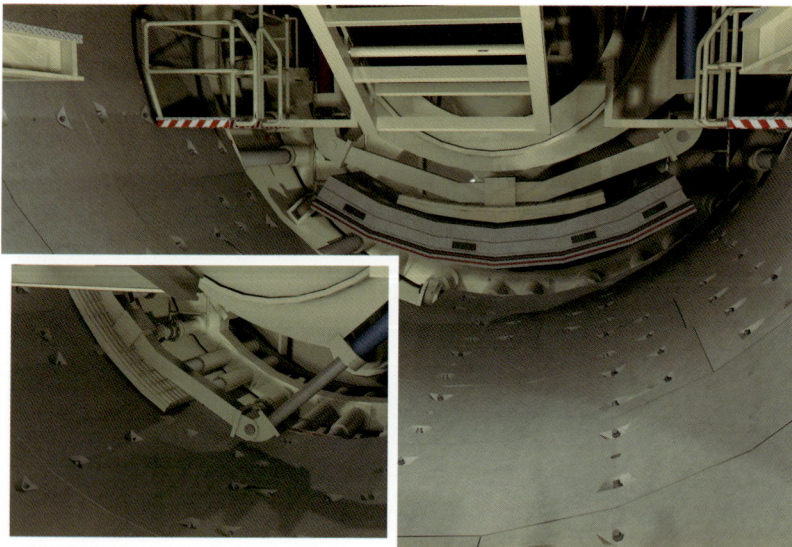

图 7.27　管片拼装机

图 7.28　盾构刀盘系统

08

地铁隧道工程

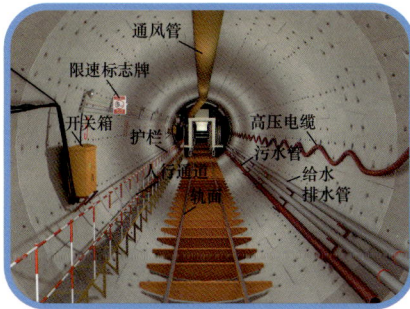

通风管
限速标志牌
开关箱 护栏 高压电缆
人行通道 污水管
轨道 给水
排水管

8.1 隧道布置断面

1. 盾构隧道施工断面布置包括运行轨面、人行通道、通风管、高压电缆、照明线、给水管、污水管等，如图8.1、图8.2所示。

2. 矿山法隧道施工断面布置包括通风管、高压风管、供水管道、照明线路、排水沟等，如图8.3所示。

8.2 隧道内管线及各类设施布置标准

隧道内的各类管线及设施是指人行通道、照明及线路、动力电缆、通风管、各类排水管和进水管等，隧道内的各类管线布置必须严格按照标准进行布局，如图8.4所示。

8.2.1 动力电缆敷设要求

1. 隧道内高压电缆的敷设原则上应与人行通道相对布置，如因条件所限，需设置在人行通道一侧时，其设置高度应高于行人的触摸点。在隧道沿线每间隔3环用挂钩挂起，挂钩要用绝缘塑料包裹。电缆布置在挂钩上要保持高度一致，弧度适中。高压电缆必须每间隔一定距离悬挂"高压危险"警示牌。

2. 盾构机车架上的高压电缆必须呈8字形摆放，电缆上方禁止站人或进行其他作业，储存电缆的车架外部必须设置隔离栏杆，悬挂警告指示牌，如图8.5所示。

8.2.2 照明电缆敷设要求

1. 隧道内的日常照明灯具，安装高度应符合临电规范，每

图 8.1　盾构隧道布置断面图

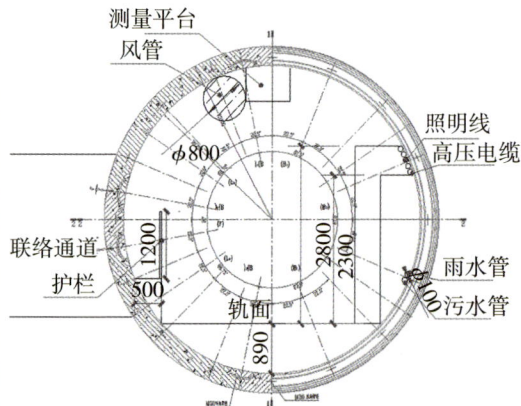

图 8.2　盾构隧道布置断面示意图

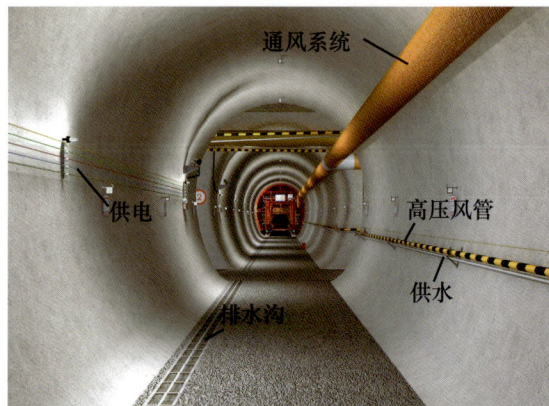

图 8.3　矿山法隧道布置断面图

图 8.4　隧道内各类设施线路敷设

图 8.5　隧道内高压电缆

隔 100m 安装一个分配（开关）电箱，零线截面与最大负载相线截面应相同。照明灯具一般使用 36V 安全电压、40W 防水灯具、每相隔 10m 分相安装一盏。

2. 隧道内必须装备自备电源的应急照明。应急照明的距离应符合施工组织设计的规定且地面最低照度不应低于 0.5 照度单位，一般为 25m 间距。盾构机上也应急安装应急照明灯，如图 8.6 所示。

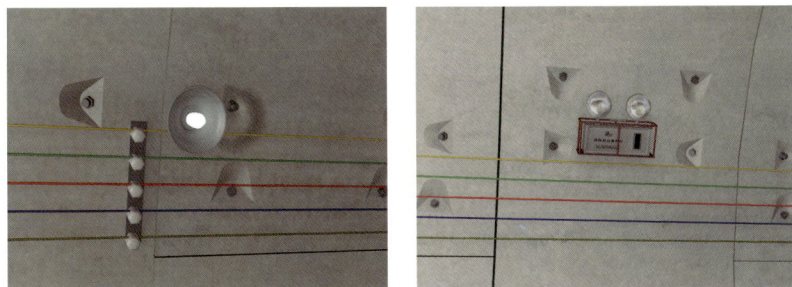

图 8.6　隧道内照明

8.2.3　水管敷设要求

隧道内的各类进水管和排水管应敷设在人行通道的对侧，水管接头必须紧固，以防止喷漏，如图 8.7 所示。

8.2.4　人行通道布置要求

人行通道应和下井的通道相连，尽可能的避免施工人员穿越电机车轨道而进入人行通道，如图 8.8、图 8.9 所示。

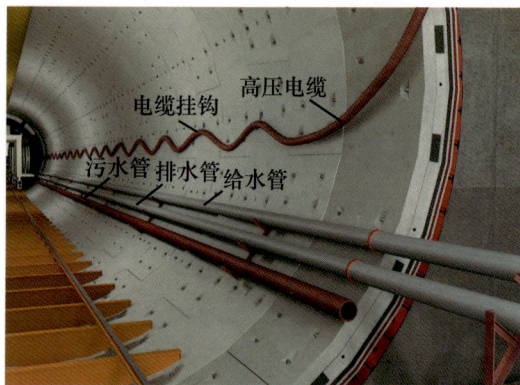

图 8.7　隧道内的各类水管敷设

图 8.8　人行通道示意图

图 8.9　人行通道爬梯

8.3　隧道内安全通道

8.3.1　基本要求

1. 隧道内安全通道是指隧道正环到盾构车架末端的人行通道。设置在隧道的一侧，是人员进入隧道内的安全通道，是人机隔离的有效措施，如图 8.10 所示。

2. 人行通道两端必须设置上下小梯，小梯用角铁和花纹钢板组成，并设有扶手栏杆。上下小梯必须和电机车轨道保持安全距离，安全通道的数量符合要求，如图 8.11 所示。

8.3.2　隔离栏杆制作和要求

人行通道的隔离栏杆，采用 ϕ48mm 的钢管结构，立杆每间隔 2.4m 固定在走道板钢结构支架上，不得摇晃，沿线栏杆必须线条流畅。立杆顶部采用活络三通和上道横栏杆穿套相连接，立杆高度为 1.2m，必须垂直，下道横杆连接可

图 8.10　安全通道

图 8.11　人行通道两端上下小梯

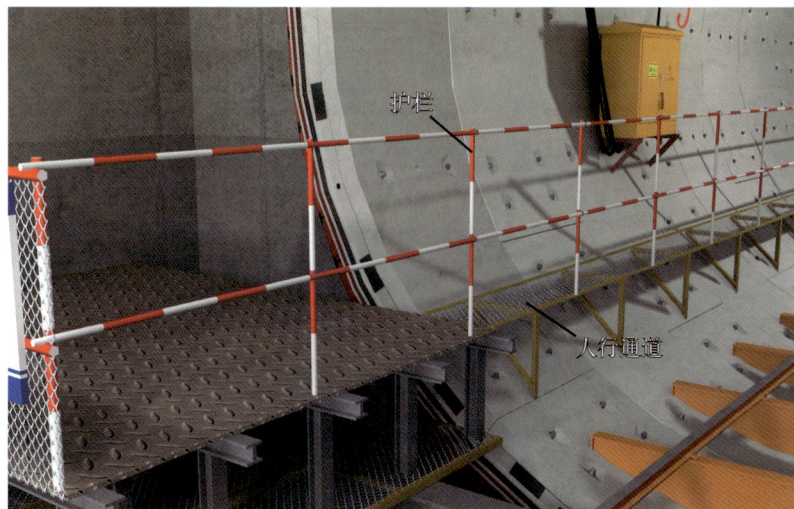

图 8.12　隔离栏杆效果图

用套管或电焊固定。下道栏杆高度距走道板 0.6m，横杆和立杆连接采用套圈和电焊相连接，如图 8.12 所示。人行通道的制作应与盾构推进的进度同步进行，不得空缺。

8.3.3　走道板及支架制作和要求

　　人行通道布置在隧道一侧，底部结构由角铁支架和走道板组成，上部由 $\phi 48$mm 的钢管组成。走道板必须采用橙黄油漆涂刷且结构完整（定点加工），尺寸为 500mm×2000mm 或 500mm×2400mm。走道板必须牢固的嵌制在 40mm×40mm 的角铁结构中，角铁结构与下部支架成整体，走道板平面要保持水平，不得倾斜，底部与管片手孔螺栓牢固连接，如图 8.13 所示。

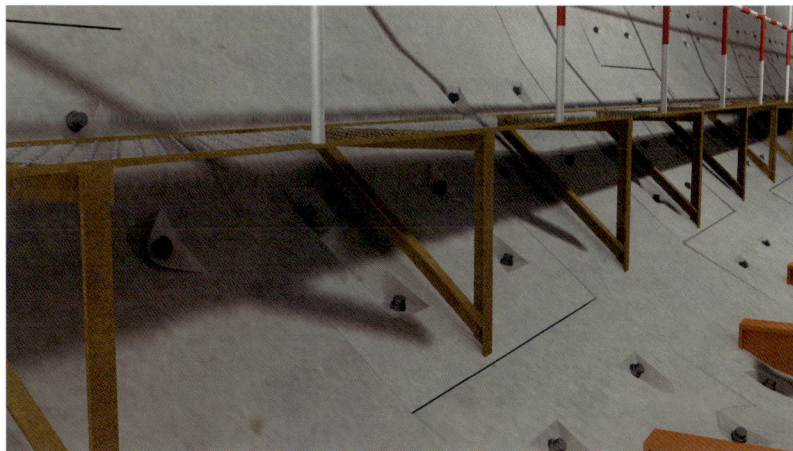

图 8.13　走道板及支架

8.4　下井人员登记管理

1. 在下井出入口处（井口或中层平台）必须设置下井登记处，并设置专职人员进行管理、下井登记处必须设置动态翻牌和火种的存放处。动态管理牌上必须显示本班作业前的有害气体最大浓度检测值，悬挂"允许进入"标牌后，人员方可进入密闭空间。进入隧道人员必须佩带上岗卡和正确穿戴劳动防护用品，如图 8.14 所示。

2. 下井人员必须遵守密闭空间的管理制度，自觉交出手机、打火机等易爆物品，作业人员和管理人员必须佩戴上岗卡以及穿戴劳动防护用品，如图 8.15 所示。

8.5　隧道内警示灯箱设置

1. 隧道内的警示灯箱布置在井口正面正 5 环管片附近，左右两侧布置灯箱的种类为"当心吊物、严禁搭乘、机车限速"等。灯箱布置可根据隧道管片手孔的特点和测量平台的位置，以直径 40mm 的黄黑警示色钢管进行左右连接。

2. 灯箱的规格一般为 1250mm×400mm×200mm。内设环形灯管，正反两面为有机玻璃，标注警示字样或图案。目前灯箱警示种类为：密闭空间注意安全（正面）、注意吊物机车限速（背面）、机车限速（5km）、严禁搭乘、当心吊物、禁止吸烟、禁止跨越等，如图 8.16 所示。

图 8.14　下井人员管理

图 8.15　下井人员安全帽感应芯片

图 8.16　灯箱效果图

8.6 隧道内瓦斯实时监测

1. 工程项目部应根据实际情况配备瓦斯监测仪器，建立 24h 瓦斯监控系统。瓦斯监测可采用 G.JG10H 型智能红外甲烷传感器在隧道内每隔 100m 设置一个，每个分站控制 8 个传感器，传感器所采集的数据由分站传送到地面总站。并由专职人员每天定时持手持瓦斯监测装置监测隧道内瓦斯浓度，如图 8.17 所示。

2. 瓦斯的监测，主要以《煤矿安全规程》、《铁路瓦斯隧道技术规范》TB 10120、《防治瓦斯突出细则》、《煤矿安全监控系统及检测仪器使用管理规范》AQ 1029 为主要依据，根据上述规程进行有害气体的监测、控制。

8.7 施工现场充电房

1. 盾构施工现场应修建充电房，充电房采用砖块砌墙，大小根据项目使用设备情况而定、应保证其有足够的活动空间、通风良好，如图 8.18 所示。

2. 设置专人看护充电，操作人员需经项目部电工专业培训，并考试合格后方可上岗操作。

3. 严格按电瓶安全操作规程进行充电作业。

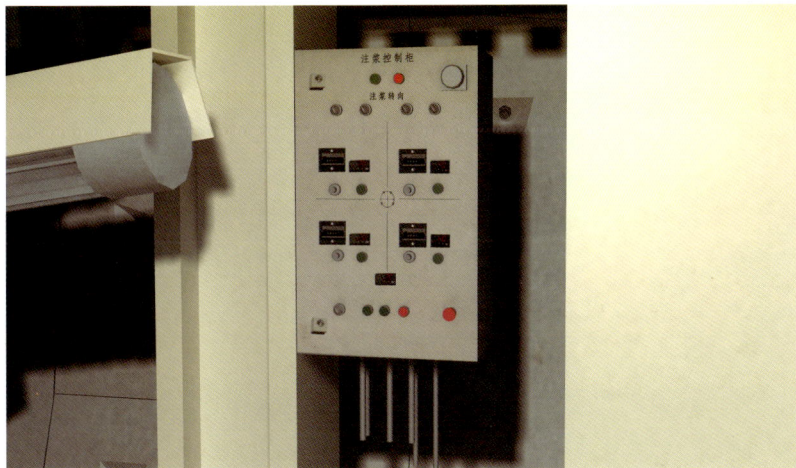

图 8.17　瓦斯检测装置

图 8.18　盾构设备充电房

8.8　隧道通风装置

1. 通风机设置。通风机安装在洞外距洞口距离不小于30m处，且两风机相距距离不小于15m，以免形成污风循环影响通风效果。不同外径的风机与风管连接时应使用过渡节，过渡节长度以3～5m为宜。通风机应装有保险装置，当发生故障时能自动停机。风机安装场地应保持干燥平整。

2. 通风管布设要求。通风管吊挂平直、拉紧吊稳、接头严密。避免出现褶皱，垂直交接处要避免死弯。风管末端到工作面的距离保持在10～15m内，以确保通风效果。通风管安装接头应严密，减少漏风损失，转弯半径不小于风管直径的3倍。在台车门架适当位置安装同直径刚性风筒连接，按施工要求设闸阀及三通接头备用。

8.8.1　通风机选型及布置要求

井下通风应采用大功能低噪声的风机，盾构推进车架后端至井口100m后，应布置风机，风机布置在中层平台或车站层，风机要布置平稳，防止抖动，吸风口必须避开空气污染点和隧道工作井，使进风空气新鲜，如图8.19所示。

8.8.2　通风机启用规定

1. 隧道内必须安装通风机，盾构正常推进施工中必须开启通风机。

2. 开启前，必须进行试运行。

3. 建立日常维护保养制度，专人负责定期维护保养。

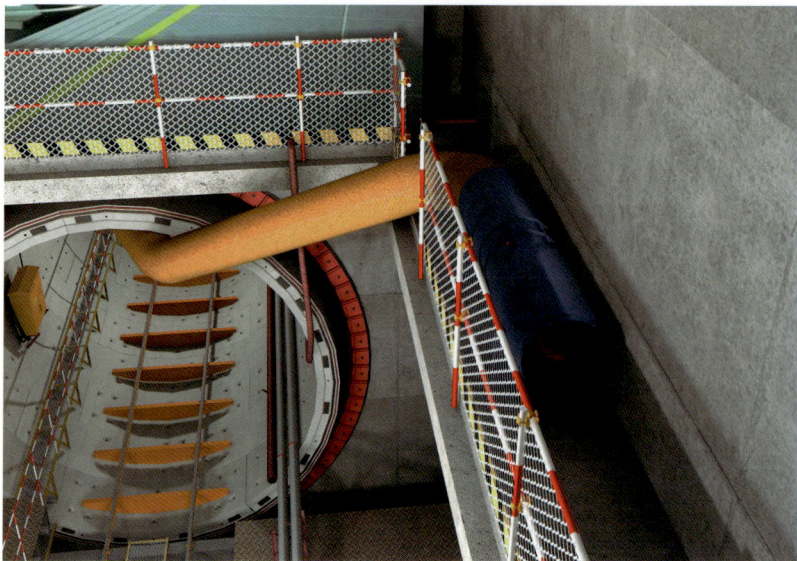

图8.19　通风机布置

8.8.3　风管布置要求

1. 井下通风管的敷设在隧道拱顶测量吊篮边。

2. 风管下井转弯不能折弯成死角，会明显减小风管的直径，使风阻增大，折减系数提高。

3. 风管敷设在隧道口时，尽量避开吊运点，使风管免受损坏。

4. 隧道内风管敷设每隔10m两端配置紧固件，用6mm的钢丝绳设置在隧道沿线，风管的每一个吊攀必须水平固定在钢丝绳索上，保证风管通风顺畅。

5. 风管应布置到车架段的后部，随隧道的延伸及时延伸风管。

6. 隧道内的通风管在人行通道的对侧测量吊篮边，通风管应在拆除负环后及时安装，如图 8.20 所示。

8.9　隧道支撑与防护门

1. 每个联络通道设 4 榀隧道支撑，分别安装在联络通道预留洞口两侧的第一条隧道管片环缝处，隧道管片环缝处截面应不大于 20mm，且在冻帷幕交圈前安装。

2. 安装好隧道支撑后顶实千斤顶，根据实测隧道收敛变形调整各个千斤顶的顶力。隧道收敛达到报警值 10mm 时，千斤顶顶力达到设计最大值 500kN，如隧道仍继续收敛，则应采取其他措施加强隧道支撑。

3. 应急防护门在联络通道开挖前安装完成，并配备风量不小于 6m/min 的空压机为防护门供气，防护门耐压设计值为 0.38MPa，安装后应进行水密性试验。

4. 挖通水平通道及泵房，并完成二次支护后方可拆除防护门。

隧道应急防护门如图 8.21 所示。

8.10　材料堆放

1. 现场管片存放：

（1）现场存放采用黄线标示分区，存放区内不得有积水；

（2）各堆放区间距不小于 1m；

图 8.20　隧道内的通风管布置

图 8.21　隧道应急防护门

（3）采用内弧向上的堆放方式，高度不多于4层；底垫木采用200mm的方木，上下层管片间垫木采用100mm的方木，且上下保持在一条直线上；

（4）设置可移动式管片防雨棚。

现场管片存放如图8.22所示。

2. 辅助材料存放

（1）管片橡胶止水条、胶水、管片螺栓应堆放整齐并放于仓库内，防止雨淋；

（2）油脂、泡沫、油料桶应分类堆放整齐标识明确，不得倾倒放置。

辅助材料存放如图8.23所示。

图8.22 管片存放

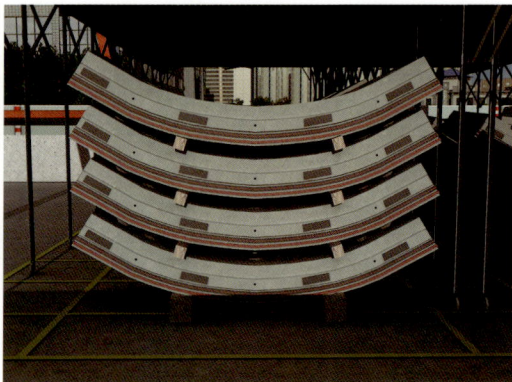

图8.23 辅助材料存放

09

消防管理

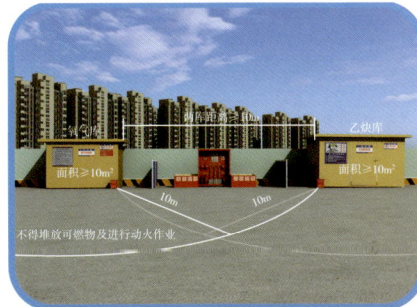

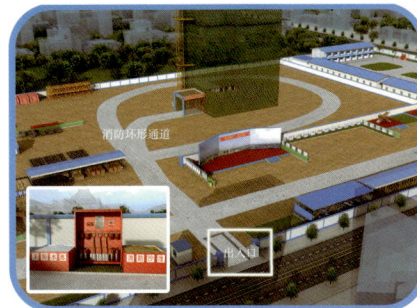

9.1　施工现场消防安全规定

1. 建设工程施工现场消防灭火器材的配置应当严格执行《建设工程施工现场消防安全技术规范》GB 50720、《建筑灭火器配置设计规范》GB 50140 和《建筑灭火器配置验收及检查规范》GB 50444 的规定。

2. 施工现场使用的安全网应当是符合国家标准或行业标准的合格阻燃式密目安全立网。凡是不符合规定的安全网，不得进入施工现场使用。

3. 使用有机溶剂等材料以及有可燃气体产生的施工现场应当通风良好，自然通风条件不好的施工现场，应当安装机械通风设备后方能施工，机械通风设备应独立专线供电，确保发生火灾时，机械通风设备能正常使用。

4. 人员密集场所室内装修、装饰，应当按照消防技术标准要求，使用不燃、难燃材料。装修、装饰施工过程中，室内装修防火材料应当按照国家消防技术标准的要求进行见证取样和抽样检验。

9.2　基本要求

9.2.1　消防管理机构基本要求

1. 施工现场防火管理实行层级防火责任制，明确消防安全责任人。

2. 工地要编制消防平面布置图，应包括工地的主要火险危险源、消防供水系统的分布及控制、灭火器材的分布、紧急疏散出口和路线。

9.2.2　施工现场电气设施防火

建设工程施工现场的一切电气线路、设备应当由持有上岗操作证的电工安装、维修，并严格执行《建设工程施工现场供电安全规范》GB 50194 和《施工现场临时用电安全技术规范》JGJ 46 的要求。

9.2.3　易燃易爆物品管理

建设工程施工现场易燃易爆物品储存及使用应当符合以下消防安全要求：

1. 施工现场不应设立易燃易爆物品仓库，如工程确需存放易燃易爆物品，总量不超过 8h 需要量，由施工单位消防责任人或保卫部门审批。

2. 易燃易爆物品仓库必须设专人看管，严格执行收发、回仓登记手续。使用易燃易爆物品，实行限额领料并保存领料记录；严禁携带手提电话机、对讲机或非防爆灯具进入易燃易爆物品仓库。

3. 易燃易爆物品严禁露天存放。严禁将化学性质或防护、灭火方法相抵触的化学易燃易爆物品在同一仓库内存放。在使用化学易燃易爆物品场所，严禁动火作业，禁止在作业场所内分装、调配。

4. 严禁使用乙炔发生器；氧气和乙炔气瓶要分仓独立存放；作业时乙炔气瓶应直立放置，不得暴晒，要使用防止回火阀装置，与氧气瓶应保持不少于 5m 距离，与明火距离不少于 10m，使用完毕要归仓存放。如图 9.1 所示。

5. 易燃易爆物品仓库应当远离其他临时建筑，易燃易爆物品仓库的照明必须使用具有防爆功能的灯具、电路、开关、设备；凡能够产生静电引起爆炸或火灾的设备、容器，必须设置消除静电的装置。

6. 严格控制使用液化石油气，确需使用时要严格落实安全措施，安装减压装置，并必须经施工现场消防安全责任人书面批准。

7. 易燃易爆危险品应分类专库储存，库房内应通风良好，并应设置严禁明火标志。如图 9.2 所示。

8. 易燃易爆危险品库房与在建工程的防火间距不应小于 15m。建筑构件的燃烧性能等级应为 A 级，层数应为 1 层，建筑面积不应大于 200m^2。单个房间的建筑面积不应超过 20m^2。

9. 移动式氧气、乙炔瓶仓库采用方管骨架，面层采用 2mm 厚白铁皮。具体尺寸可根据现场情况确定。

10. 易燃易爆物品正立面设置警示标识牌并明确负责人。如

图 9.1　氧气气瓶和乙炔气瓶作业示意图

图 9.2　易燃易爆危险品专库示意图

图 9.3 所示。

11. 氧气、乙炔瓶仓库位置及存放数量应符合规范要求。如图 9.4 所示。

9.2.4　工地消防器材配置

1. 施工现场生活区、楼层、仓库、材料堆场、模板加工场、电焊场地等区域应配备相应类型的灭火器材，灭火器材应定期更换所装药品，使其保持在有效期内。

2. 一般临时设施区，每 100m² 配备两个 6L 灭火器，大型临时设施总面积超过 1200m² 的，应备有专供消防用的太平桶、消防铲、消防斧、蓄水池、砂池等消防组合柜。

3. 消防器放置距离地面的高度，顶部高度不高于 1.5m，座地式底部高度不少于 0.15m，并保持放置点通道畅通。

9.3　施工现场防火

9.3.1　防火管理与消防资料管理

1. 施工现场防火管理基本要求。

（1）施工现场防火管理实行层级防火责任制，明确消防安

图 9.3　正立面设置警示标识牌并明确负责人

图 9.4　氧气、乙炔瓶仓库位置示意图

图 9.5 消防安全责任牌

图 9.6 消防平面布置示意图

全责任人，全面负责施工现场的防火工作。如图 9.5 所示；

（2）工地要编制消防平面布置图，应包括工地的主要火险危险源、消防供水系统的分布及控制、灭火器材的分布、紧急疏散出口和路线，如图 9.6 所示；

（3）施工现场防火管理必须成立防火领导小组，由消防安全责任人任组长，成员由各职能部门人员组成。消防组织名单公示牌应张挂在施工现场会议室。

2. 消防资料管理。

建设工程施工前，施工单位应当将下列资料存档备查：

（1）施工现场总平面布置图，并标明各临时建筑物的使用性质和消防通道及消防器材设置；

（2）易燃易爆危险物品存放地点及品种、数量清单；

（3）施工人员数量和住宿分布情况清单；

（4）施工进度计划；

（5）消防管理组织体系情况、各项制度和消防安全应急预案；

（6）消防器材和其他灭火设施的配置清单；

（7）其他需要存档的资料。

9.3.2 临时建筑（设施）消防安全要求

施工现场临时建筑（设施）应当符合以下消防安全要求：

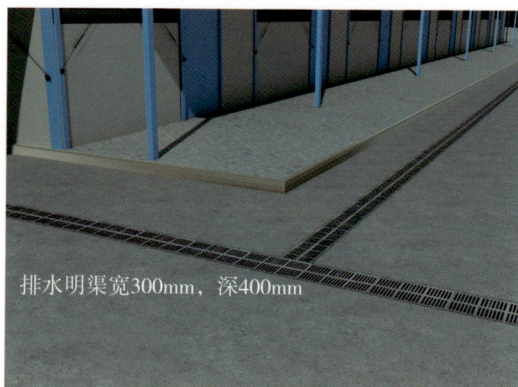

图 9.7　排水明渠示意图

图 9.8　临时宿舍示意图

图 9.9　临时建筑设置示例

1. 临时建筑的围蔽墙体和骨架应当使用不燃材料搭建（门、窗除外），厨房、茶水房、易燃易爆物品仓库应当单独设置，用砖墙围蔽。施工现场材料仓库宜搭建在保卫值班室旁。

2. 临时建筑必须整齐、划一、牢固，远离火灾危险性大的场所，每栋临时建筑占地面积不宜大于 200m²，室内地面要平整，其四周应当修建排水明渠。如图 9.7 所示。

3. 每栋临时建筑的居住人数不应超过 100 人，每 25 人要设一个可以直接出入的门口，门的宽度不得少于 1.2m，高度不应低于 2m，室内的通道宽不少于 1.2m，床架搭建不得超过 2 层，床位不准围蔽，临时建筑的高度不低于 2.5m，门窗要往外开。如图 9.8 所示。

4. 临时建筑一般不宜搭建两层，如确因施工用地所限，需搭建两层的宿舍其围蔽墙应当用砖砌（使用组合板房除外），楼面应使用不燃材料铺设，二层住人应按每 50 人有一樘疏散楼梯，楼梯的宽度不少于 1.2 m，坡度不大于 45°，栏杆扶手的高度不应低于 1.1m。如图 9.9 所示。

5. 搭建两栋以上（含两栋）临时宿舍共用同一疏散通道，其通道的宽度不少于 5m，临时建筑与厨房、变电房之间防火距离不少于 3m。如图 9.10 所示。

6. 高压架空电线下不得修建任何临时建筑设施，临时建筑设施与高压架空电线路边线的最小安全距离须满足相关规定要求。如图 9.11 所示。

9.3.3　电气设施防火

1. 建设工程施工现场的一切电气线路、设备应当由持有上岗操作证的电工安装、维修，并严格执行《建设工程施工现场供电安全规范》GB 50194 和《施工现场临时用电安全技术规范》

图 9.10 临时宿舍疏散通道示意图

图 9.11 高压线下不得修建临时设施

JGJ 46 的要求。

2. 施工现场动力线与照明电源线应分路或分开设置，并配备相应功率的保险装置，严禁乱接乱拉电气线路；室内外电线架设应有瓷管或瓷瓶与其他物体隔离，室内电线敷设在可燃物、金属物上时，应套防火绝缘线管；照明电路、安装插座，应当有防漏电和超负荷保护装置；不准使用铜丝和其他不符合规范的金属丝作照明电路超负荷保护装置；电线绝缘层老化、残旧、破损时要及时更换，电气设备和电线不准超过安全负荷；严禁在外脚手架上架设电线和使用碘钨灯，因施工需要在其他位置使用碘钨灯，架设要牢固，碘钨灯距可燃物不少于 0.5m，且不得直接照射可燃物，当间距不够时，应采取隔热措施，施工完毕要及时拆除。如图 9.12 所示。

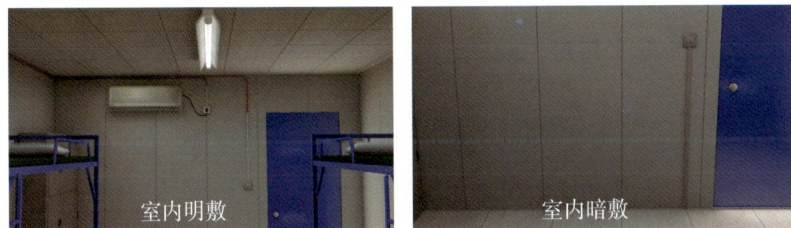

图 9.12 电缆布设安全防护示意图

9.4 高层房建工程临时消防供水

高层房建工程临时消防供水设施设置应当符合以下要求：

1. 高层建筑施工现场应按《建筑施工安全检查标准》JGJ 59

要求设立临时消防供水系统，做到与施工同步进行。临时消防供水系统加压水泵应独立专线供电，保证加压水泵放置点和通道的照明。每根消防竖管的直径应按通过的流量经计算确定，消防水管必须是金属管，直径应不少于50mm，每层应设置临时消防栓接口，每层配备一条长度不小于20m的消防水带，放置在临时消防栓接口附近便于取用。

2. 高度在24m以上的建筑物，临时消防给水系统应配置加压设备，加压设备应不少于两台（一用一备）。加压设备选型应根据用水量及总压确定；加压水泵应采用自灌式吸水，其电源应采用专用供电回路，加压水泵每个月应试运转1～2次；加压水泵控制箱应靠近值班室，值班室应有专人24h值班。

3. 建筑高度不超过100m的建筑，最不利点消防栓静水压力不应低于0.07MPa，每支水枪的充实水柱有效射程应不小于10m；建筑高度超过100m的高层建筑，最不利点消火栓静水压力不应低于0.15MPa（1.5kg），每支水枪的充实水柱有效射程应不小于13m。

4. 住宅和厂房工程每层应设有消火栓。在保证通道畅通的条件下，住宅工程每500m² 设一个消火栓，厂房工程每800m² 设一个消火栓。

5. 消防水源应满足火灾延续时间内消防用水量的要求。建筑物的消防水池的有效容积应不小于20m³，水池深度均应不低于1.2m；消防水池的水位应定期检查，水量应有保证，消防水池内泥沙、杂物应及时清理。如图9.13所示。

6. 临时消防给水系统安装应与工程主体施工同步进行，每

水池容积不小于20m³，水池深度不低于1.2m

图9.13 室外消防水池示意图

一层系统安装完毕都应进行水枪试射，检验水枪充实水柱有效射程是否达到要求。

9.5 消防器材

1. 建立和执行现场消防和危险物品管理制度，并严格按照消防管理规定实施，做好相关记录。

2. 办公区、生活区、仓库、配电室、木工作业区、楼层等易燃易爆场所必须设置相应的消防器材，并有专人负责定期检查，确保完好。

9.5.1 消防器具

1. 配备专供消防用的太平桶、消防铲、消防斧、蓄水池（体积 1000mm×2000mm×1000mm）、沙池（体积 1000mm×2000mm×1000mm）等消防器材，并有专人负责。

2. 架体采用金属材料制作，红色漆饰面。如图 9.14 所示。

9.5.2 楼层消防水管、施工用水管布置

1. 在建工程高度在 30m 以上，必须设置临时消防给水系统，应随层设消防水源管道，立管直径不小于 100mm，设加压泵，留消防水源接口，配备足够灭火器，如图 9.15 所示。

2. 给水管道压力必须符合设计要求，随着施工高度增加而增加，管道连接方式为焊接。

3. 消防水池存储水量必须满足火灾时 10min 水量，可为地下式或地面式水箱。

4. 水泵型号根据水量和工程高度选型，一用一备。

5. 消防控制柜设在室内或室外，有防护装置。

6. 随层设置消防水源管道，每层管道接口处应配备不少于 30m 消防水管储存箱；各管件接口应匹配。

图 9.14 消防组合柜示意图

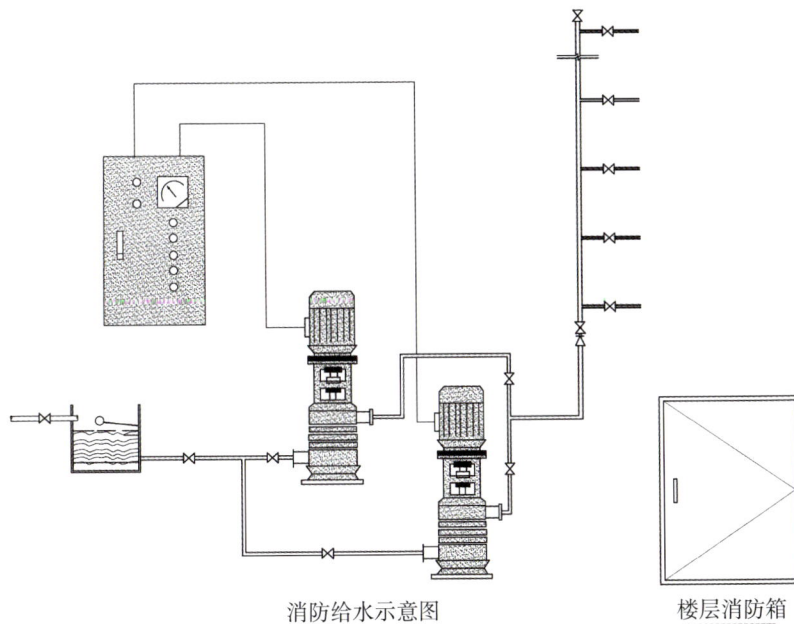

消防给水示意图　　楼层消防箱

图 9.15 临时消防给水系统示意图

9.5.3　灭火器

1. 施工现场应配备手提式干粉灭火器（ABC），不宜配备泡沫灭火器。

2. 重点消防部位应配备不少于 4 具灭火器材，要有明显的防火标志。施工现场重点消防部位主要包括：动火作业区域；木材、防水板材、油脂、油料等易燃材料堆放区；施工现场外有人员集散中心、加油加气站敏感区域、旅游景点和重要建（构）筑物等区域。办公生活区的重点消防部位包括：宿舍、食堂、仓储间等。如图 9.16 所示。

图 9.16　施工现场灭火器配备示意图

3. 对灭火器应经常检查、维护、保养，保证灭火器材灵敏有效。

9.5.4　消防架

1. 在进入施工现场的重要通道口应设置消防架，集中设置一部分消防器材。

2. 消防架周边不得有任何障碍，保持获取消防器材方便。

3. 消防架上应配备消防铁锹、消防桶、消防砂等消防器材。

9.5.5　消防砂

1. 在消防架下设置一个水泥砌筑的容量不少于 1m³ 消防池，存放消防砂，消防砂禁用海砂。

2. 非应急状态下，严禁动用消防砂。

3. 消防砂上方宜有雨布覆盖，防止雨水冲刷。

4. 消防砂旁边存放一辆小推车备用。

9.5.6　消防铁锹

1. 每个车站不少于 5 把消防铁锹和 5 把消防斧。

2. 在非应急状态下，严禁动用消防铁锹。

3. 消防铁锹应与日常使用铁锹有明显区别。

9.5.7　消防桶

1. 消防架上应悬挂 5 个消防桶。

2. 非应急状态下，严禁动用消防桶。

9.5.8　消防泵房

1. 采用专用消防配电线路，配电线路自施工现场总配电箱的总断路器上端接入，且应保持不间断供电。

2. 高度超过 100m 的在建工程，应增设临时中转水池及加压水泵。中转水池的有效容积 ≥ 10m³，上下两个中转水池的高差 ≤ 100m。

3. 消防泵不少于两台，且互为备用，宜设置自动启动装置，保证消防应急需求。给水压力应满足消防水枪充实水柱长度 ≥ 10m。

4. 消防泵房应配置启动流程图及应急照明灯。

9.6 动火作业

9.6.1 施工现场"三级"动火审批制度

1. 三级动火：即可能发生特大火灾事故的，应由项目经理填写动火申请表，由项目部编制安全技术方案，经企业主管领导和安全技术部门及保卫部门共同审批，并报公安消防部门备案或批准后，方可动火。

凡属下列情况之一的为三级动火：

（1）禁火区域内；

（2）油罐、油箱、油槽车和贮存过气体、易燃气体的容器以及连接在一起的辅助设备；

（3）各种受压容器设备；

（4）危险性较大的登高焊、割作业；

（5）比较密闭的室内、容器、地下室等场所；

（6）堆放有大量可燃和易燃物质的场所。

2. 二级动火：即可能发生重大火灾事故的，应由施工管理人员提出申请并附上安全技术方案，报工地主管领导审批后，方可动火。

凡属下列情况之一的为二级动火：

（1）在具有一定危险因素的非禁火区域内进行临时性焊、割作业；

（2）小型油箱、油罐等容器；

（3）在外墙、电梯井、洞孔等垂直穿到底部位及登高焊割作业。

3. 一级动火：即可能发生一般火灾事故的，指除上列以外的没有明显危险因素的场所，应由所在班组长在动火前提出申请，报项目防火管理人员批准后，方可动火。

4. 建设工程施工现场动火作业应当严格执行审批制度，应经书面审批同意，做好安全交底，告知消防安全检查员后才能动火，动火人员需持证上岗。高空焊、割作业时要有专人监护，必须落实防止焊渣飞溅、切割物下跌的安全措施，作业区内应放置合适的灭火器材。动火人员和作业范围的消防安全负责人，在动火后，应彻底清理现场火种，才能离开现场。严格执行施工现场"三级"动火审批制度。如表9.1所示。

9.6.2 "八不"、"四要"、"一清理"

动火作业必须做到"八不"、"四要"、"一清理"。

1. 动火前"八不"：

（1）防火、灭火措施不落实不动火；

（2）周围的易燃杂物未清除不动火；

（3）附近难以移动的易燃结构未采取安全防范措施不动火；

（4）盛装过油类等易燃液体的容器、管道，未经洗刷干净、排除残存的油质不动火；

（5）盛装过气体会受热膨胀并有爆炸危险的容器和管道不动火；

（6）储存有易燃、易爆物品的车间、仓库和场所，未经排除易燃、易爆危险的不动火；

（7）在高处进行焊接或切割作业时，下面的可燃物品未清理或未采取安全防护措施的不动火；

施工现场三级动火申请审批表示例 表 9.1

施工现场三级动火申请审批表

一式二份　　　　　　　项目部留存

工程名称		动火单位		动火等级	三级
动火须知 1. 在非固定的、无明显危险因素的场所进行动火作业的均属三级动火。 2. 三级动火作业由作业班组填写动火申请审批表，项目负责人批准。 3. 三级动火，申请人应在两天前提出，批准后最长期限为七天，期满后应重新申请。 4. 动火前，应将火点可能影响到的范围的易燃易爆物品清理干净。 5. 动火场所必须配备消防灭火器材并使用接火斗。 6. 焊接工作结束时，应切断机器电源，并检查作业地点确认无失火危险后方可离开		动火部位		动火时间	年月日至 年月日 现场安全员：
		审批意见			批准人姓名： 年月日
		动火人姓名		看火人姓名	
		申请人签名			日期：年月日

（8）未有配备相应的灭火器材不动火。

2. 动火中"四要"：

（1）动火前要指定现场安全负责人；

（2）现场安全负责人和动火人员必须经常注意动火情况，发现不安全苗头时要立即停止动火；

（3）发生火灾、爆炸事故时，要及时扑救；

（4）动火人员要严格执行安全操作规程。

3. 动火后"一清理"：

动火人员和现场安全责任人在动火后，应彻底落实清理现场火种后，才能离开现场。

9.6.3　高处施焊作业防火要求

1. 施焊作业，应事先办理"动火审批"手续，严格执行动火前"八不"、动火中"四要"和动火后"一清理"的要求。

2. 高处施焊必须配备消防器材,并用"接渣斗"兜接飞溅的焊花。

9.7　消防系统

1. 应编制消防安全专项方案,并审批,使用前按规定验收。

2. 临时室外消防给水系统,给水干管的管径≥ DN100;消火栓间距≤ 120m,最大保护半径≤ 150m,且与在建工程、临时用房和可燃材料堆场及其加工场外边线的距离≥ 5m。

3. 建筑高度大于24m或单体体积超过30000m³的在建工程,应设置临时室内消防给水系统。

4. 消防竖管的设置位置应便于消防人员操作,其数量不应少于2根,当结构封顶时,应将消防竖管设置成环状;高层建筑可使用工程正式消防管作为临时消防管。

5. 设置临时室内消防给水系统的在建工程,各结构层均应设置室内消火栓接口及消防软管接口,并配备消防水枪、水带及软管。消防设施应与在建工程的施工同步设置,如图9.17所示。

9.8　消防演练

9.8.1　消防演练目的

检验员工及消防应急组织应对火灾的能力,考核日常消防训

图 9.17　消火栓箱示意图

练、教育的技能和成效,提高员工灭火、疏散、自救能力和管理者火场组织、协调、指挥能力,使员工在演习中受到锻炼和教育,进一步增强消防安全意识,使预防为主、防消结合的方针得到更好贯彻落实。

1. 加强现场施工人员的消防培训教育,进行现场演练,并保留相关记录。

2. 发现火灾,应及时报警,报警越早,损失越小。

9.8.2　消防演练主要内容

1. 初期火灾的扑救、控制、火场协调指挥、物资转移演练。

2. 火场人员疏散引导和伤员救护演练。

3. 火场警戒及配合消防中队演练。

4. 灭火器材现场灭火演练。

5. 火灾事故处理教育及演习总结。

9.9 其他要求

1. 分级成立消防领导小组。

2. 施工场地、办公区、生活区总平面布置满足现场防火、灭火及人员疏散的要求；合理配置灭火器材和应急照明等消防设施；车站施工期间合理设置安全出口并保持疏散通道畅通。

3. 施工现场必须制定消防制度，建立健全消防管理网络，按区域配备消防责任人，设置安全及消防责任人标牌。

4. 施工现场及重要部位设置消防器材，消防器材采用悬挂形式，架体采用金属材料制作，红色漆饰面。架体上张贴"消防领导小组"、"消防责任人姓名及电话"、"消防知识"、"应急预案"；悬挂设施两侧设消防砂池和消防水池。

5. 定期开展消防检查，每月不得少于一次，并保留检查记录。

6. 每季度检查一次灭火器，并在消防箱内放置检查记录。

7. 焊接、切割等动火作业前，对作业现场的可燃物进行清理，无法移走的可燃物采用不燃材料对其覆盖或隔离。

8. 易燃、易爆物品分类专库储存，库房内通风良好，并设置严禁明火标志。

9. 加强现场施工人员的消防培训教育，进行现场演练，并保留相关记录，如图 9.18 所示。

10. 消防方案、设施、器材经审核或验收。

图 9.18　消防安全培训

10

施工监测管理

10.1 基本要求

1. 城市轨道交通地下工程应在施工阶段对支护结构、周围岩土体及周边环境进行监测。

2. 监测点的布设位置和数量应满足反映工程结构和周边环境安全状态的要求。

3. 监测点的埋设位置应便于观测，不应影响和妨碍监测对象的正常受力和使用。监测点应埋设稳固，标识清晰，并应采取有效的保护措施，如图 10.1 所示。

4. 现场监测应采用仪器量测、现场巡查、远程视频等多种手段相结合的综合方法进行信息采集。对穿越既有轨道交通、重要建（构）筑物等安全风险较大的周边环境，宜采用远程自动化实时监测。如图 10.2 所示。

5. 监测信息采集的频率和监测期应根据设计要求、施工方法、施工进度、监测对象特点、地质条件和周边环境条件综合确定，并应满足反映监测对象变化过程的要求。

6. 突发风险事件时的应急抢险监测应在原有监测工作的基础上有针对性地加密监测点、提高监测频率或增加监测项目，并宜进行远程自动化实时监测。

7. 城市轨道交通应在运营期间对线路中的隧道、高架桥梁和路基结构及重要附属结构等的变形进行监测。如图 10.3 所示。

图 10.1　隧道内监测点布设示意图

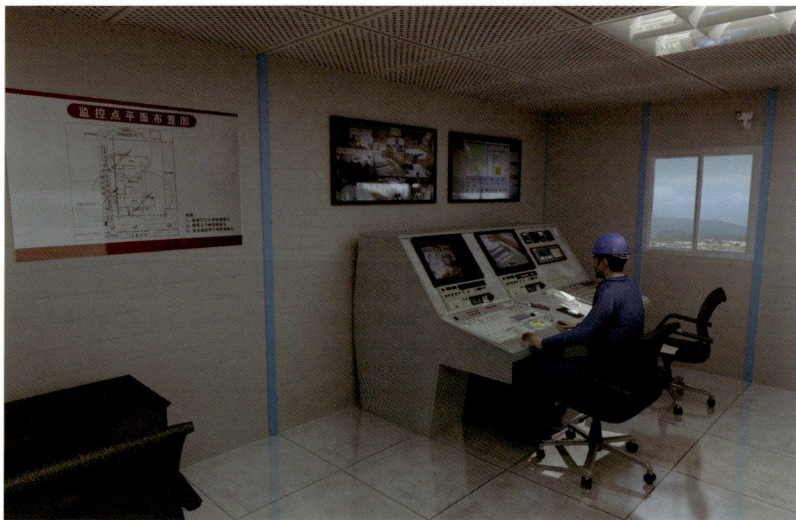

图 10.2　远程监控摄像及监控室布置示意图

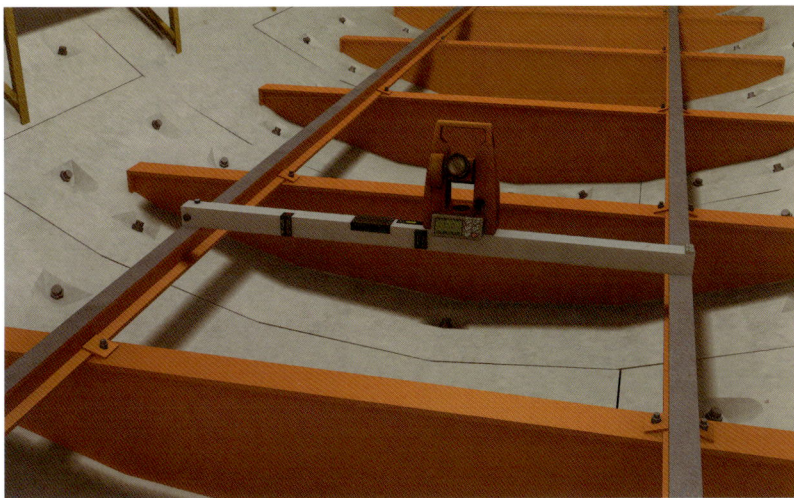

图 10.3　轨道监测示例

10.2　施工监测项目及要求

10.2.1　一般规定

1．工程监测对象的选择应在满足工程支护结构安全和周边环境保护要求的条件下，针对不同的施工方法，根据支护结构设计方案、周围岩土体及周边环境条件综合确定。

监测对象宜包括下列内容：

（1）基坑工程中的支护桩（墙）、立柱、支撑、锚杆、土钉等结构，矿山法隧道工程中的初期支护、临时支护、二次衬砌及盾构法隧道工程中的管片等支护结构；

（2）工程周围岩体、土体、地下水及地表；

（3）工程周边建（构）筑物、地下管线、高速公路、城市道路、桥梁、既有轨道交通及其他城市基础设施等环境。

2．工程监测项目应根据监测对象的特点、工程监测等级、工程影响分区、设计及施工的要求合理确定，并应反映监测对象的变化特征和安全状态。

3．各监测对象和项目应相互配套，满足设计、施工方案的要求，并形成有效、完整的监测体系。

10.2.2　现场巡查

1．明挖法和盖挖法基坑施工现场巡查宜包括下列内容：

（1）施工工况；

（2）支护结构，如图 10.4 所示。

图 10.4　明挖法支护结构示例

2. 盾构法隧道施工现场巡查宜包括下列内容：

（1）盾构始发端、接收端土体加固情况，如图 10.5 所示；

（2）盾构掘进位置（环号），如图 10.6 所示；

（3）盾构停机、开仓等的时间和位置；

（4）管片破损、开裂、错台、渗漏水情况；

（5）联络通道开洞口情况。

3. 矿山法隧道施工现场巡查宜包括下列内容：

（1）施工工况；

（2）支护结构，如图 10.7 所示。

4. 周边环境现场巡查宜包括下列内容：

（1）建（构）筑物、桥梁墩台或梁体、既有轨道交通结构等的裂缝位置、数量和宽度，混凝土剥落位置、大小和数量，设施的使用状况；

（2）地下构筑物积水及渗水情况，地下管线的漏水、漏气情况；

（3）周边路面或地表的裂缝、沉陷、隆起、冒浆的位置、范围等情况；

（4）河流湖泊的水位变化情况，水面出现漩涡、气泡及其位置、范围，堤坡裂缝宽度、深度、数量及发展趋势等；

（5）工程周边开挖、堆载、打桩等可能影响工程安全的生产活动。

5. 基准点、监测点、监测元器件的完好状况、保护情况应定期巡视检查。

10.2.3 远程视频监控

1. 对工程施工中风险较大的部位宜进行远程视频监控，且远程视频监控现场应有适当的照明条件，当无照明条件时可采用红外设备进行监控。

2. 下列部位宜进行远程视频监控：

图 10.5 盾构始发端土体加固示意图

图 10.6 盾构掘进位置示意图

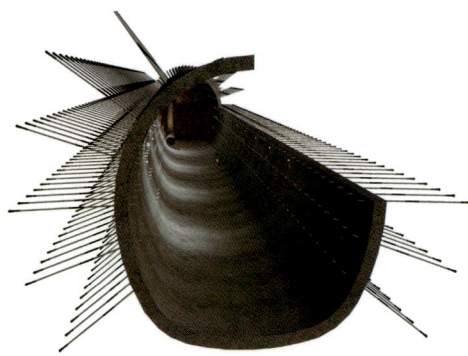

图 10.7 支护结构示意图

（1）明挖法和盖挖法基坑工程的岩土体开挖面、支护结构、周边环境等；

（2）盾构法隧道工程的始发、接收井与联络通道；

（3）矿山法隧道工程的岩土体开挖面；

（4）施工竖井、洞口、通道、提升设备等重点部位，如图 10.8 所示。

10.3 监测方法及监测点布设

10.3.1 基本规定

1. 变形监测基准点、工作基点的布设应符合下列规定：

（1）基准点应布设在施工影响范围以外的稳定区域，且每个监测工程的竖向位移观测的基准点不应少于 3 个，水平位移观测的基准点不应少于 4 个；

（2）当基准点距离所监测工程较远致使监测作业不方便时，宜设置工作基点；

（3）基准点和工作基点应在工程施工前埋设，并应埋设在相对稳定土层内，经观测确定稳定后再使用；

（4）监测期间，基准点应定期复测，当使用工作基点时应

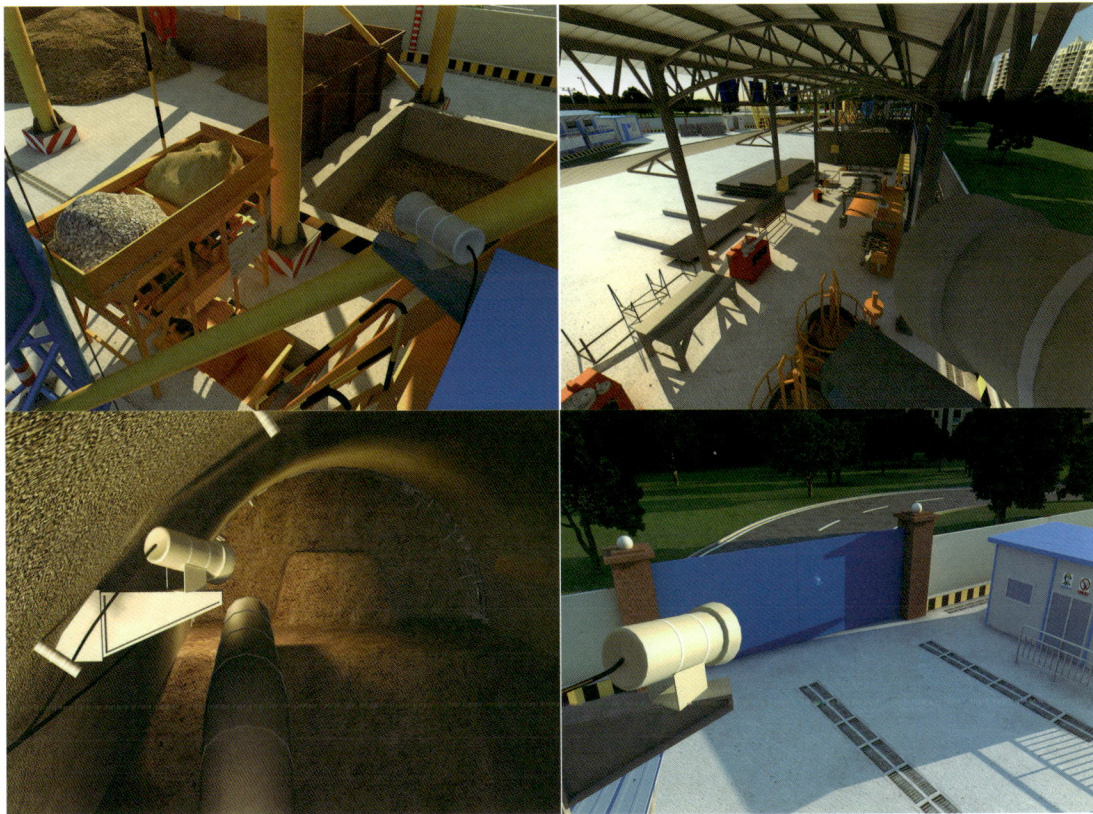

图 10.8 远程监控示意图

与基准点进行联测，如图 10.9 所示。

2. 工程周边环境与周围岩土体监测点应在施工之前埋设，工程支护结构监测点应在支护结构施工过程中及时埋设。监测点埋设并稳定后，应至少连续独立进行 3 次观测，并取其稳定值的

图 10.9　监测点布设示意图

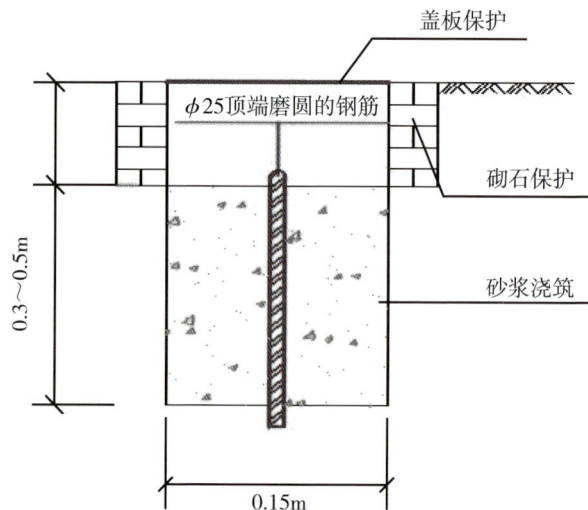

图 10.10　地表沉降监测点埋设示意图

平均值作为初始值。

3. 监测过程中，应做好监测点和传感器的保护工作。测斜管、水位观测孔、分层沉降管等管口应砌筑窨井，并加盖保护；爆破震动、应力应变等传感器应防止信号线被损坏。

10.3.2　沉降监测

1. 沉降监测可采用几何水准测量、光电测距三角高程测量、静力水准测量等方法。

2. 沉降监测点的布置和埋设。

（1）地表沉降点：

地表观测的标志，可根据不同的地表结构类型和结构材料，采用钻孔式，如图 10.10 所示。

（2）构筑物沉降监测点：

① 构筑物沉降观测的标志，根据不同的建筑结构类型和建筑材料，采用墙（柱）标志、基础标志、隐蔽式标志等形式；

② 标志的埋设应避开有碍设标与观测的障碍物，并应视立尺需要离开墙（柱）面和地面一定距离。如图 10.11 所示。

（3）管线沉降监测点：

① 抱箍式：由扁铁做成的稍大于管线直径的圆环，将测杆与管线连接成为整体，测杆伸至地面，地面处布置相应的窨井，保证道路、交通和人员的正常通行，如图 10.12 所示。

② 套筒式：采用一硬塑料管或金属管打设或埋设于所测管线顶面和地表之间，如图 10.13 所示。

图 10.11　构筑物沉降监测点示例

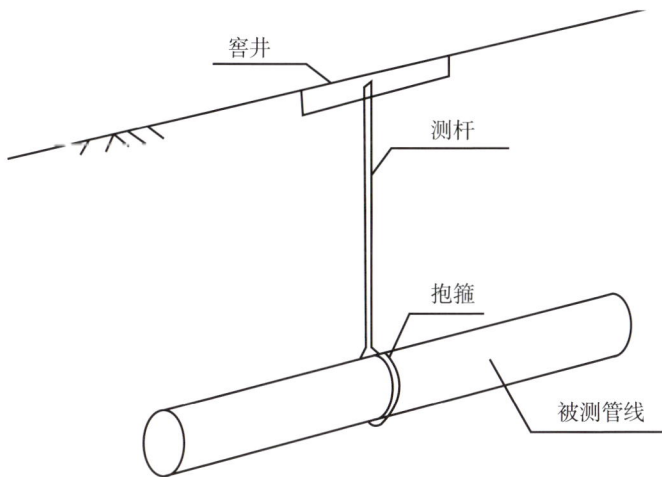

图 10.13　套筒式测点埋设示意图

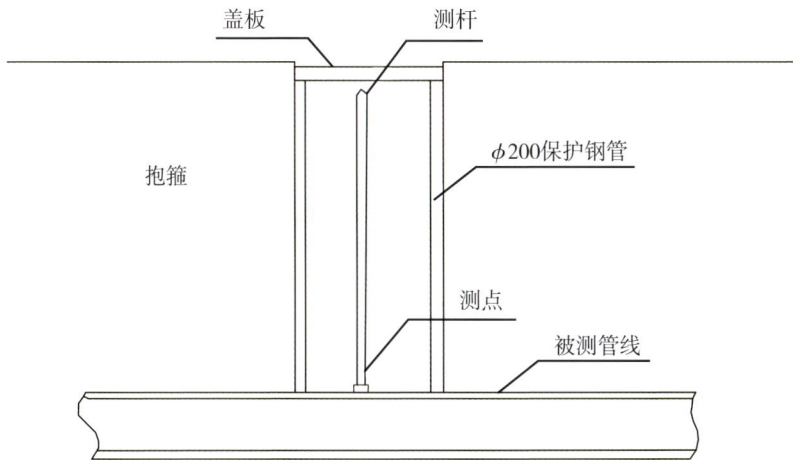

图 10.12　抱箍式测点埋设示意图

10.3.3　水平位移监测

1. 水平位移监测方法：

水平位移宜采用小角法、方向线偏移法、视准线法、引张线法、激光准直法等大地测量法。

2. 水平位移监测点布设：

水平位移监测点应沿其结构体延伸方向布设，水平位移监测点的布置位置和数量按照设计要求布设。布设方法与沉降点位布置一致。

10.3.4　深层水平位移监测（测斜）

1. 水平位移监测方法。

支护桩（墙）体和土体的深层水平位移监测，宜在桩（墙）体或土体中预埋测斜管，采用测斜仪观测各深度处的水平位移，如图 10.14 所示。

2. 深层水平位移监测点的布设。

（1）土体侧向变形测斜管：

测斜管采用钻孔埋设。管底应大于支护结构深度，且超过井坑开挖最大深度 3～8m，硬质基地取最小值，软质基地取最大值。当通过水平测量的方法，将管顶作为位移计算的基准位置时，管底应超过围护结构底部不少于 1m。

（2）围护结构变形测斜管：

① 采用测斜仪在埋设于围护结构内的测斜管内进行测试。测点宜选在变形大（或危险）的典型位置；

② 测斜管底宜与钢筋笼底部持平或略低于钢筋笼底部，管顶

高出基准面 150～200mm，在测斜管管口段用混凝土墩固定，保证管口段转角的稳定性；

③ 测斜管与支护结构的钢筋笼绑扎埋设时，绑扎间距不宜大于 1.5m，原则上是管子不移动、不松动；

④ 对于已施工围护结构情况，如需要采用钻孔埋设的方法，参照土体侧向变形测斜管埋设要求施工，如图 10.15 所示。

10.3.5　地下水位监测

1. 地下水位监测方法。

地下水位监测宜通过钻孔设置水位观测管，采用测绳、水位计等进行量测，如图 10.16 所示。

2. 地下水位监测点布设。

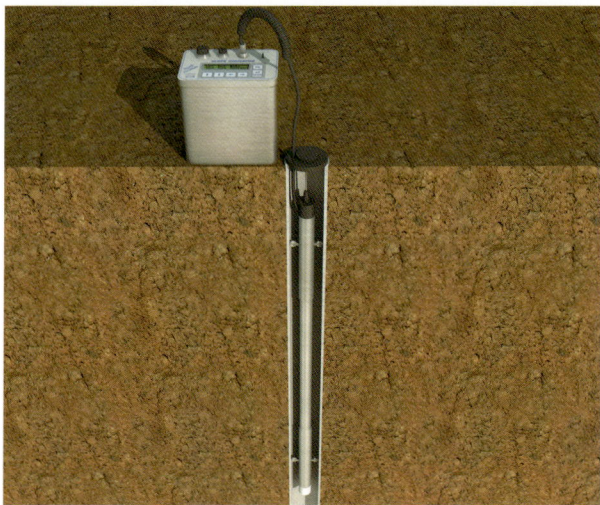

图 10.14　测斜仪示意图

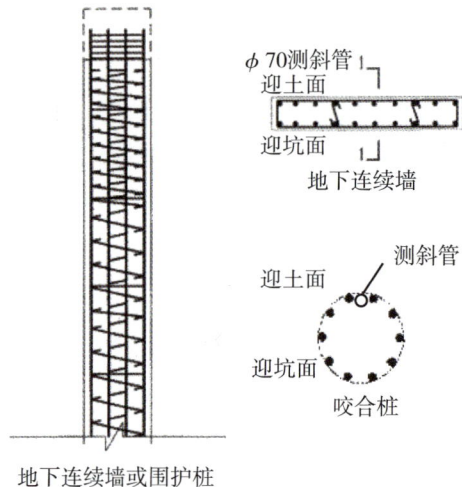

图 10.15　测斜管埋设示意图

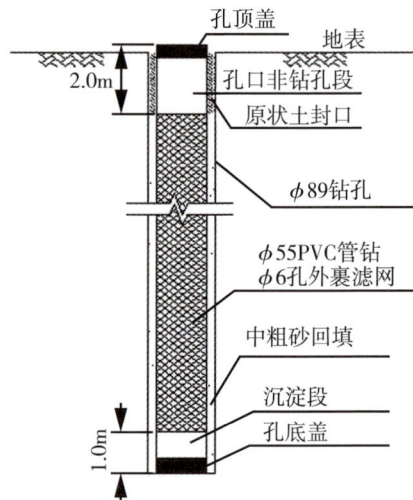

图 10.16　地下水位观测管埋设示意图

（1）采用钢尺水位计在埋设的水位管内进行测试；

（2）保持管内部的干净、通畅和平直，管顶高于地面约100～500mm；

（3）钻孔和水位管之间要回填。回填应选用粗砂缓慢进行，回填工作要确保测斜管与土体同步变形；

（4）做好清晰的标示和可靠的保护措施。

10.3.6　锚杆、土钉拉力和结构应力监测

1．锚杆、土钉拉力和结构应力监测方法。

（1）锚杆和土钉拉力宜采用测力计、钢筋应力计或应变计进行监测，当使用钢筋束作为锚杆时，宜监测每根钢筋的受力；

（2）结构应力可通过安装在结构内部或表面的应变计或应力计进行量测。混凝土构件可采用钢筋应力计、混凝土应变计、光纤传感器等进行监测，钢构件可采用轴力计或应变计等进行监测。

2．钢筋测力计安装。

（1）碰焊法：可用连接杆与钢筋先碰接，然后与钢筋测力计连接，连接后再制钢筋笼；

（2）绑焊法：准备与钢筋主筋直径相同的钢筋若干，长度一般为：250～350mm，用两根250～350mm的钢筋等距离夹在连接杆与主筋接头处两旁，单面满焊即可。如用单根250～350mm的钢筋应双面满焊，然后连接钢筋测力计后再制钢筋笼。如图10.17所示。

3．钢支撑轴力监测传感器的埋设。

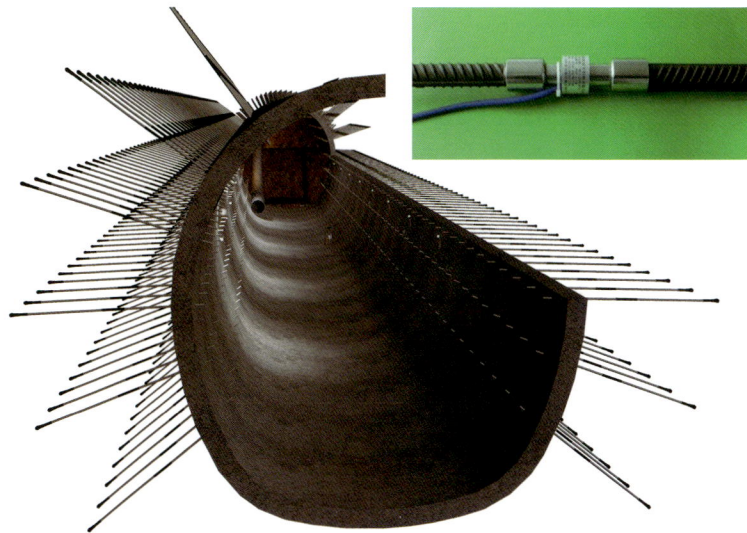

图 10.17　钢筋测力计安装示例

将轴力计安装架与钢支撑的端头对中并牢固焊接，在拟安装轴力计位置的墙体钢板上先焊接一块250mm×250mm×25mm的加强垫板，以防止钢支撑受力后轴力计陷入钢板，影响测试结果，如图10.18所示。

10.3.7　侧向土压力监测

1．侧向土压力监测方法。

基坑支护桩（墙）侧向土压力、盾构法及矿山法隧道围岩压力宜采用界面土压力计进行监测。

2．侧向土压力监测点布设。

（1）优先选用钢弦式土压力盒，埋设方法可采用挂布法；

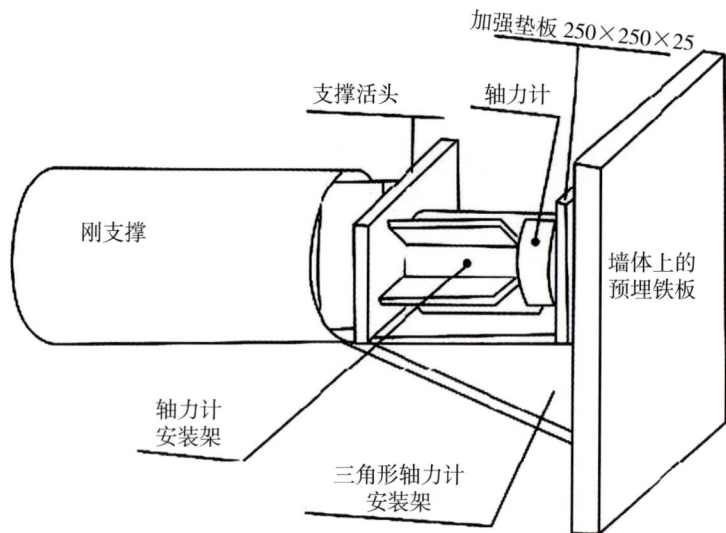

图 10.18 钢支撑轴力传感器埋设及加强垫板示意图

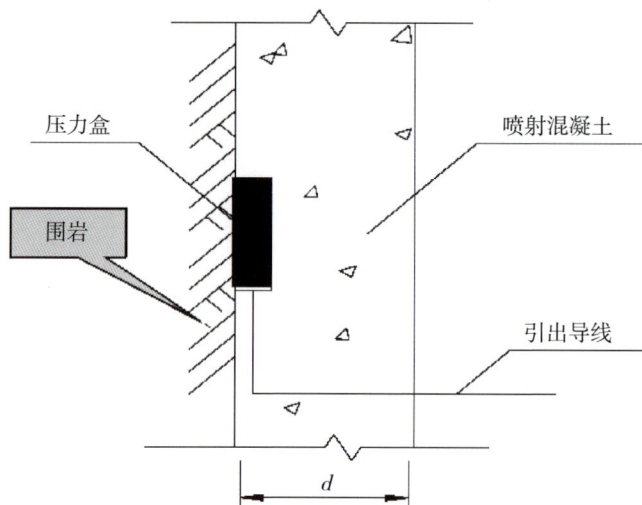

图 10.19 土压力盒布置示意图

（2）结构表面土压力盒的埋设方式宜选用挂布法。找一条与钢筋笼同样长的布帘，在设计位置缝制口袋，装入压力盒，压力盒的压力膜向外，然后将布帘平铺在钢筋笼外侧并固定好，布帘随钢筋笼一起吊入槽中，之后浇筑混凝土，如图 10.19 所示。

10.4 监测频率

10.4.1 一般规定

1. 监测频率应根据施工方法、施工进度、监测对象、监测项目、地质条件等情况和特点，并结合当地工程经验进行确定。

2. 监测频率应使监测信息及时、系统地反映施工工况及监测对象的动态变化，并宜采取定时监测。如遇特殊情况应提高监测频率。

3. 施工阶段工程监测应贯穿工程施工全过程，满足下列条件时，可结束监测工作：

（1）基坑回填完成或矿山法隧道进行二次衬砌施工后，可结束支护结构的监测工作；

（2）盾构法隧道完成贯通、设备安装施工后，可结束管片结构的监测工作；

（3）支护结构监测结束后，且周围岩土体和周边环境变形趋于稳定时，可结束监测工作；

（4）满足设计要求结束监测工作的条件。

10.4.2 明挖法和盖挖法

1. 明挖法和盖挖法基坑工程施工中支护结构、周围岩土体和周边环境的监测频率可按表 10.1 确定。

2. 对于竖井井壁支护结构净空收敛监测频率，在竖井开挖及井壁支护结构施工期间应 1 次 /d，竖井井壁支护结构整体完成 7d 后宜 1 次 /2d，30d 后宜 1 次 /7d，经数据分析确认井壁净空收敛达到稳定后可 1 次 /（15 ～ 30d）。

3. 坑底隆起(回弹)监测不应少于 3 次，并应在基坑开挖之前、基坑开挖完成后、浇筑基础混凝土之前各进行 1 次监测，当基坑开挖完成至基础施工的间隔时间较长时，应增加监测次数。

10.4.3 盾构法

盾构法隧道工程施工中隧道管片结构、周围岩土体和周边环境的监测频率可按表 10.2 确定。

10.4.4 矿山法

矿山法隧道工程施工中隧道初期支护结构、周围岩土体和周边环境的监测频率可按表 10.3 确定。

10.4.5 地下水位

地下水位监测频率应根据水文地质条件复杂程度、施工工况、地下水对工程的影响程度以及地下水控制要求等进行确定，监测频率宜为 1 次 /（1 ～ 2d）。

明挖法和盖挖法基坑工程监测频率　　　　　　　　　　　　　　　　表10.1

施工工况		基坑设计深度				
		≤5	5～10	10～15	15～20	>20
基坑开挖深度（m）	≤5	1次/d	1次/2d	1次/3d	1次/3d	1次/3d
	5～10		1次/d	1次/2d	1次/2d	1次/2d
	10～15			1次/d	1次/d	1次/2d
	15～20				（1～2次）/d	（1～2次）/d
	>20					2次/d

注：1. 基坑工程开挖前的监测频率应根据工程实际需要确定；
　　2. 底板浇筑后可根据监测数据变化情况调整监测频率；
　　3. 支撑结构拆除过程中及拆除完成后3d内监测频率应适当增加。

盾构法隧道工程监测频率 表10.2

监测部位	监测对象	开挖面至监测点或监测断面的距离	监测频率
开挖面前方	周围岩土体和周边环境	$5D<L\leqslant8D$	1次/（3～5d）
		$3D<L\leqslant5D$	1次/2d
		$L\leqslant3D$	1次/d
开挖面后方	管片结构、周围岩土体和周边环境	$L\leqslant3D$	（1～2次）/d
		$3D<L\leqslant8D$	1次/（1～2d）
		$L>8D$	1次/（3～7d）

注：1. D为盾构法隧道开挖直径（m），L为开挖面至监测点或监测断面的水平距离（m）；
　　2. 管片结构位移、净空收敛宜在衬砌环脱出盾尾且能通视时进行监测；
　　3. 监测数据趋于稳定后，监测频率宜为1次/（15～30d）。

矿山法隧道工程监测频率 表10.3

监测部位	监测对象	开挖面至监测点或监测断面的距离	监测频率
开挖面前方	周围岩土体和周边环境	$2B<L\leqslant5B$	1次/2d
		$L\leqslant2B$	1次/d
开挖面后方	管片结构、周围岩土体和周边环境	$L\leqslant1B$	（1～2次）/d
		$1B<L\leqslant2B$	1次/d
		$2B<L\leqslant5B$	1次/2d
		$L>5B$	1次/（3～7d）

注：1. B为矿山法隧道或导洞开挖宽度（m），L为开挖面至监测点或监测断面的水平距离（m）；
　　2. 当拆除临时支撑时应增大监测频率；
　　3. 监测数据趋于稳定后，监测频率宜为1次/（15～30d）。

10.5 监测要求

10.5.1 基准点选设要求

基准点的选设必须保证点位地基坚实稳定、通视条件好、利于标石长期保存与观测。基准点的数量应不少于 3 个，使用时应做稳定性检查或检验。

10.5.2 工作基点

应选设在靠近观测目标且便于联测观测点的稳定或相对稳定位置，并应满足下列要求：

1. 设置在地表的工作基点：采用人工挖孔或大钻孔埋设法，在地表设置的工作基点，其钢筋长度不应小于 3m，直径为 20mm，并应作保护。

2. 设置在建筑物上的工作基点：应选择在地铁施工影响区以外、建成时间较长且有地下室的建筑物上设置。工作基点直径不得小于 20mm，并应作保护。

3. 设置在隧道中的工作基点：数量不应少于 3 个，应从地面的基准点引入到竖井壁距底板一定距离并不易被碰动处。当隧道长度较大时，宜将该基点向前延伸设置在隧道墙脚之上，在其稳定后作为工作基点。

10.5.3 沉降监测适用范围

沉降监测的等级划分、精度要求和适用范围如表 10.4 所示。

10.5.4 沉降监测控制网布设

沉降监测控制网的布设应符合下列要求：

1. 垂直沉降监测控制网宜与城市轨道交通工程高程系统一致。

2. 垂直沉降监测控制网可采用水准测量、光电测距三角高

沉降监测的等级划分、精度要求和适用范围 表10.4

监测等级	观测点的高程中误差（mm）	相邻观测点高差中误差（mm）	适用范围
I	±0.3	±0.1	线路沿线变形特别敏感的超高层、高耸建筑、精密工程设施、重要古建筑物、重要桥梁、管线和运营中结构、轨道、道床等
II	±0.5	±0.3	线路沿线变形比较敏感的高层建筑物、桥梁、管线；地铁施工中的支护结构、隧道拱顶下沉等
III	±1.0	±0.5	线路沿线的一般多层建筑物、桥梁、地表、管线、基坑隆起等

程测量、静力水准测量等方法,并应布设成闭合、附合或结点网形。

　　3. 垂直沉降监测控制网高程控制点不应少于 3 个,在监测中应定期对高程控制点进行检测。

沉降监测控制网的主要技术要求如表 10.5 所示。

10.5.5　沉降监测技术要求和测量方法

沉降监测的技术要求和测量方法如表 10.6 所示。

沉降监测控制网的主要技术要求   表10.5

等级	相邻基准点高差中误差 (mm)	每站高差中误差 (mm)	往返较差,附合或环线闭合差(mm)	检测已测高差之较差 (mm)	使用仪器、观测方法及主要技术要求
I	±0.3	±0.07	$0.15\sqrt{n}$	$0.2\sqrt{n}$	采用DS05水准仪,按国家一等水准测量技术要求作业,其观测限差宜按上述规定的1/2要求
II	±0.5	±0.15	$0.30\sqrt{n}$	$0.5\sqrt{n}$	采用DS05水准仪,按国家一等水准测量技术要求作业
III	±1.0	±0.30	$0.60\sqrt{n}$	$0.8\sqrt{n}$	采用DSI水准仪,按国家二等水准测量技术要求作业

注:n为测站数。

沉降监测的技术要求和测量方法   表10.6

等级	高程中误差 (mm)	相邻点高差中误差 (mm)	往返较差,附合或环线闭合差 (mm)	使用仪器、观测方法及主要技术要求
I	±0.3	±0.1	$0.15\sqrt{n}$	采用DS05水准仪,按国家一等水准测量技术要求作业,其观测限差宜按上述规定的1/2要求
II	±0.5	±0.3	$0.30\sqrt{n}$	采用DS05水准仪,按国家一等水准测量技术要求作业
III	±1.0	±0.5	$0.60\sqrt{n}$	采用DSI水准仪,按国家二等水准测量技术要求作业

注:n为测站数。

10.5.6　地铁穿越工程监测要求

1.　地铁穿越工程应按所穿越工程的重要程度、穿越类型、周边环境条件等情况分成不同等级，并针对不同等级进行监测设计。

2.　对于穿越重要建（构）筑物的地铁工程，除应对地铁本身进行施工监测外，还应对所穿越工程进行穿越施工期间 24h 不间断监测；在穿越一般建（构）筑物时应按要求进行较高频率的监测。

3.　在穿越铁道线路时，应对铁道线路结构、道床和轨道进行穿越施工全过程监测，其中对结构沉降及沉降缝的错台变形、轨道沉降、轨道横向差异沉降、轨距变化和道床纵向沉降等内容应进行 24h 的远程实时监测。

4.　在穿越城市桥梁时，应对桥梁墩台、盖梁、梁板结构进行穿越施工全过程监测，并应按要求加密监测频率，对变形敏感的重要桥梁应根据设计要求进行 24h 的远程实时监测。

5.　在穿越房屋及其他建（构）筑物、地下管线时，应按要求进行较高频率的监测。

6.　在穿越河流时，应对上覆土层的渗漏状况、河水与隧道工作面之间的水力联系、河床变形等进行检查和监测。地铁施工穿越河流阶段应提高监测频率。

10.6　监测点保护与修复

监测点的保护重点针对破坏后无法修复的测斜管和支撑轴力

监测点，保护措施主要有 3 个方面：

1.　明确标识，采用红漆醒目编号，红旗标志。

2.　测斜管、水位管管顶砌筑方井，地表监测点钻孔埋置于地表以下，反力计导线引至防护栏边，固定在隐蔽不易破坏处，如图 10.20 所示。

3.　加强与现场施工队伍的沟通，增强其对监测点保护重要性的认识。位移和沉降测点发现破坏后在第一时间可重新埋设，进行修复。

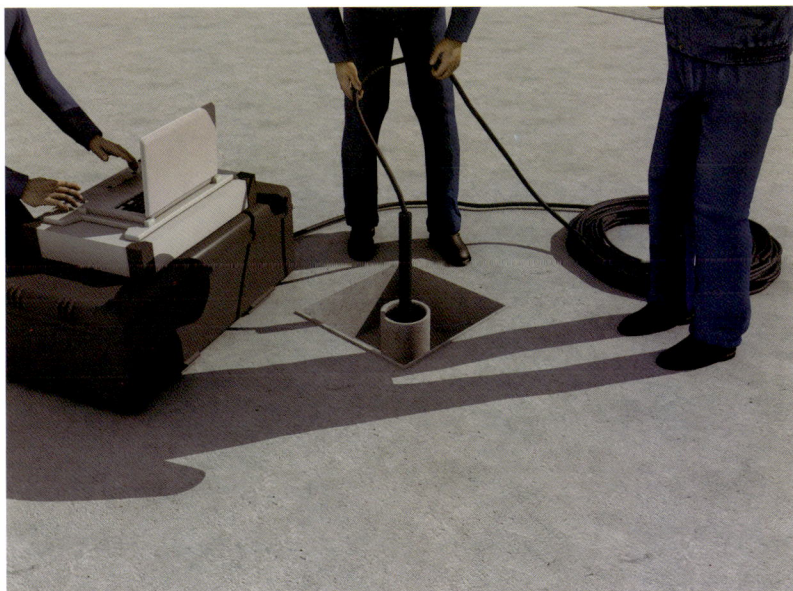

图 10.20　测管保护示例

10.7 地下施工气体环境监测

1. 施工过程中，常遇到的可燃性和有毒气体：

（1）可燃性气体：甲烷（CH_4）；

（2）有毒气体：一氧化碳（CO）、氨（NH_3）、硫化氢（H_2S）、苯（C_6H_6）、二氧化硫（SO_2）。

2. 环境参数主要指：环境温度、湿度、O_2 浓度、CO_2 浓度、CO 浓度、CH_4 浓度等。

3. 基本要求：

（1）地下施工安装有毒气体检测报警装置；

（2）隧道内配备能力足够的通风机，保证换气量达到有关要求；

（3）配备应急用喷雾装置（泵），对有毒气体进行稀释；

（4）地下施工人员需配备毛巾、水壶（或水源）等用品，以便毒气发生撤离时用作临时防护，必要时配备专业的防毒面具、防毒呼吸器等；

（5）制定切实可行的地下施工防毒措施、应急预案，并组织有关人员进行演练。

11

绿色施工

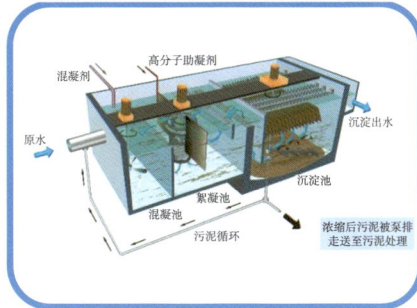

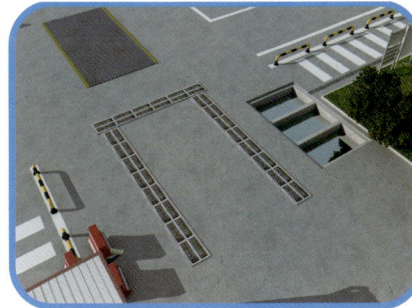

11.1 基本要求

绿色施工是指工程建设中，在保证质量、安全等基本要求的前提下，通过科学管理和技术进步，最大限度地节约资源与减少对环境负面影响的施工活动，实现节能、节地、节水、节材和环境保护，绿色施工效果如图 11.1 所示。

11.1.1 环境保护

主要指标目标值：

1. 建筑垃圾再利用率和回收率达 50%。

2. 噪声控制，建筑施工过程中场界环境噪声不得超过表 11.1 规定的排放限值，现场设置噪声监测装置并做好监测记录，如图 11.2 所示。

建筑施工场界环境噪声排放限值（单位：dB（A）） 表11.1

昼间	夜间
70	55

3. 水环境保护，工程建设期间不发生水污染事件。

图 11.1　绿色施工整体效果图

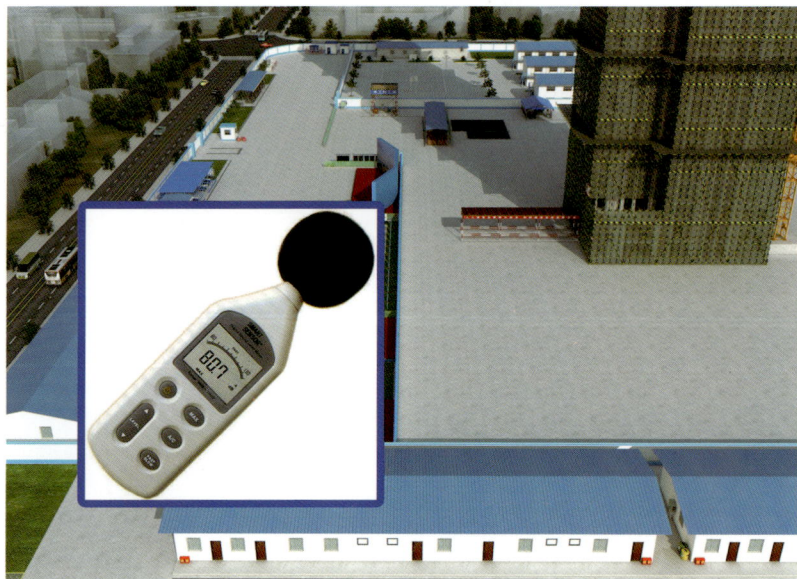

图 11.2　现场噪声检测

图 11.3 易产生扬尘材料覆盖效果图

图 11.4 钢筋再利用制作试块笼

4. 扬尘控制，土建施工期间不发生大面积扬尘，扬尘不影响施工场地外环境，设备安装及装饰装修期间基本不发生扬尘，如图 11.3 所示。

5. 光污染控制达到环保部门规定。

11.1.2 节材与材料资源利用

1. 钢材定额损耗率 2.5%，实际控制损耗率 1.5%。

2. 混凝土定额损耗率 1.5%，实际控制损耗率 1%。

3. 实现建筑废弃物减量化和资源化，施工现场废旧钢筋再利用如图 11.4 所示。

4. 木方定额损耗率 5%，实际控制损耗率 3.5%，为有效提高木方周转使用次数，施工现场对短木方进行接长加工，如图 11.5

图 11.5 木方加工效果图

所示。

5. 多层板在保证质量及观感的基础上，尽量增加周转次数。

6. 临边防护采用装配式成品栏杆，至少使用 5 个工地，重复使用率达 80%，如图 11.6 所示。

7. 临时建筑采用临时活动彩钢板率达 80%，至少使用 3 个工地，如图 11.7 所示。

11.1.3　节水与水资源利用

施工阶段及区域目标值：

1. 办公区、生活区 5m³/ 人 / 月。

2. 生产作业区 10m³/ 万元产值。

图 11.7　可周转使用活动彩钢房

图 11.6　可周转成品临边防护栏杆效果图

图 11.8　节水型器具的使用效果图

3. 节水设备配置率 100%，如图 11.8 所示。

4. 施工现场供水管网布置宜简捷、合理，减少不必要的漏损，如图 11.9 所示。

5. 施工现场应建立可再利用水的收集处理系统，使水资源得到梯级循环利用，如图 11.10 所示。

11.1.4 节能与能源利用

施工阶段及区域目标值：

1. 办公区、生活区 36 kWh / 人 / 月。

2. 生产作业区 100 kWh/ 万元产值。

图 11.10 基坑降水收集池效果图

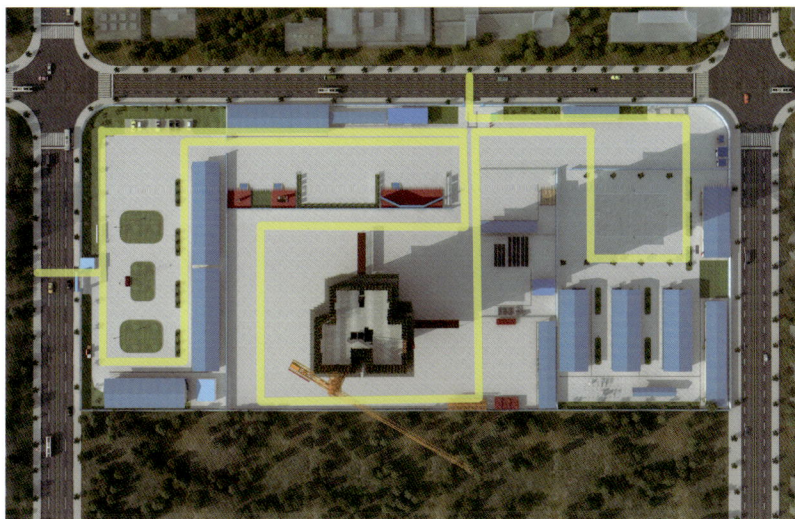

图 11.9 施工现场供水管网示意图

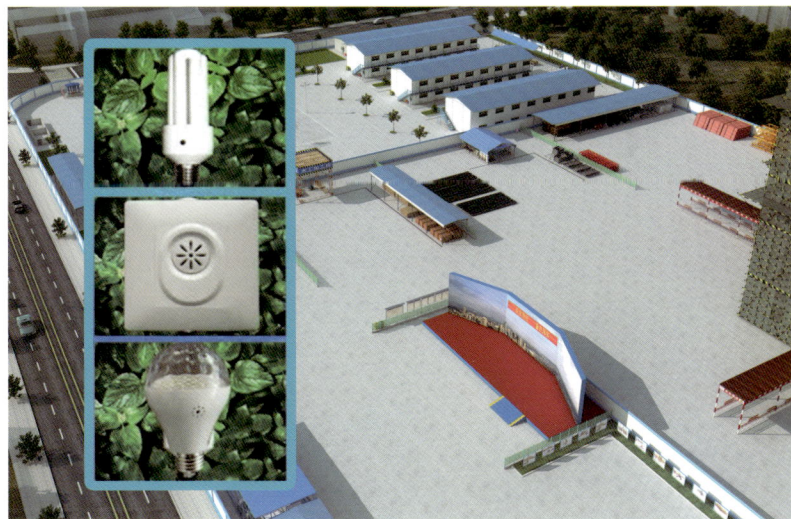

图 11.11 节电设备配备示意图

3．节电设备配置率90%，如图11.11所示。

4．根据当地气候和自然资源条件，充分利用太阳能、地热等可再生能源，如图11.12所示。

11.1.5　节地与土地资源利用

项目目标值：

1．平面布置合理、紧凑，满足施工使用，施工占地临时设施占地面积有效利用率大于80%，如图11.13所示。

2．施工现场宜结合建筑场地永久绿化、使场内绿化面积不低于临时用地面积的5%。

11.2　环境保护

1．施工现场严禁焚烧油毡、橡胶、塑料、皮革、垃圾以及产生有毒有害烟尘或气体的物质。

2．市区范围内的施工现场，施工机械的噪声和振动应当符合城市环境保护控制标准。因特殊工序需连续施工的，应当向有关行政管理部门提出申请，并告示周边居民。有特殊要求的（如中、高考期间等），应按当地有关规定执行。

3．施工现场裸露土地必须100%覆盖、绿化，如图11.14所示。

地热能

太阳能

图 11.12　施工现场节能设备配备示意图

图 11.13　现场办公与住宿区平面布置图

4．施工场地、道路、施工作业面等易产生扬尘的部位，须安排专人随时清理、定时洒水。

5．场内道路两侧及基坑周边必须安装自动喷淋装置，定时开放，安排专人管理，如图 11.15 所示。

6．现场施工水源必须接至土方开挖处，确保在土方开挖期间能够随时进行洒水降尘。

7．推荐施工现场使用雾炮降霾车进行扬尘控制，如图 11.16 所示。

8．推荐利用施工现场塔机进行高空喷雾降尘。

9．通过安装在塔机吊臂上的喷淋设备，利用塔机高空作业

图 11.15　施工现场自动喷淋系统

图 11.14　现场裸土绿化效果图

图 11.16　雾炮降霾车

特性，进行高空喷淋，在高空形成飘飞的水雾，吸附空气中的灰尘颗粒，起到降尘的作用，同时兼顾混凝土结构的养护。

10. 降尘装置主要有旋转密封器、电磁开关阀、旋转喷淋头、柔性补偿装置、进出水管等组成，如图 11.17 所示。

图 11.17　塔吊高空喷淋系统效果图

11. 推荐施工现场安装 PM 扬尘、噪声监测系统，对工地扬尘及噪声指数进行实时监控，并具有预警功能，如图 11.18 所示。

12. 施工现场主要车辆出入口设有监控探头，对进出施工现场运输车辆进行监控，确保运输车辆不超载、不带泥浆，如图 11.19 所示。

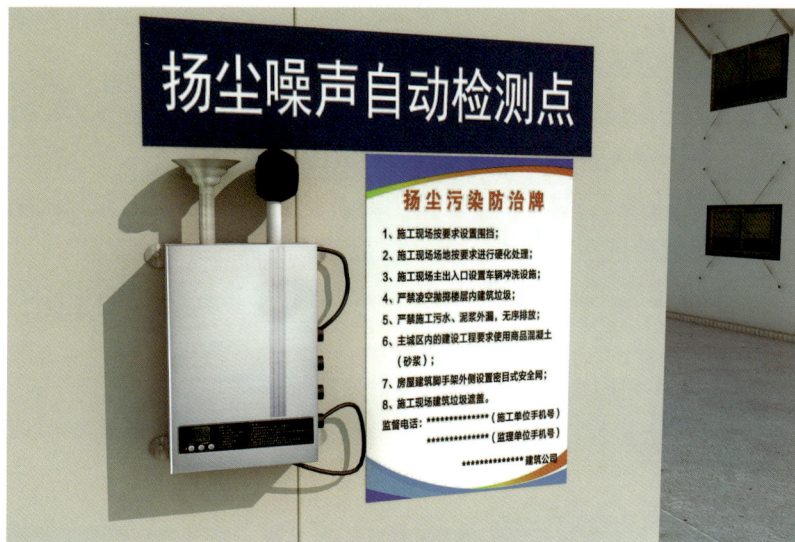

图 11.18　扬尘和噪声监测装置

图 11.19　车辆出场清洗装置效果图

11.3　泥浆处理系统和污水过滤排放系统

1. 积极推广应用建筑泥浆处理新技术，市区施工钻孔灌注桩时必须使用泥浆箱，施工地下连续墙时必须使用泥浆净化设备及废浆固液分离设备，分离出的泥浆采用三级泥浆箱存放，经过沉淀池絮凝等工序形成清水后才可外运。

2. 泥浆处理系统主要由沉淀池、排渣槽、废泥浆池、旋流器、振动筛、回流泵、吸力泵组成，施工过程所产生的泥浆若不能通过泥浆处理系统处理后重新使用的，应使用罐车装运外弃，不能用罐车外弃的，则采取泥浆脱水或泥浆固化的方式处理。泥浆处理系统占地大小根据施工场地及施工需要决定，如图 11.20 所示。

3. 端头井排水设置和要求。端头井排水在适当位置设置集水井，经沉淀后抽到地面水沟流至沉淀池，抽水机型号根据

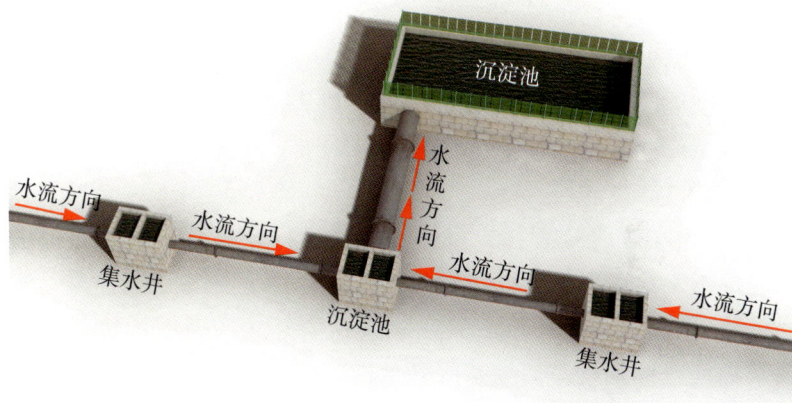

图 11.21 集水井和沉淀池设置示意图

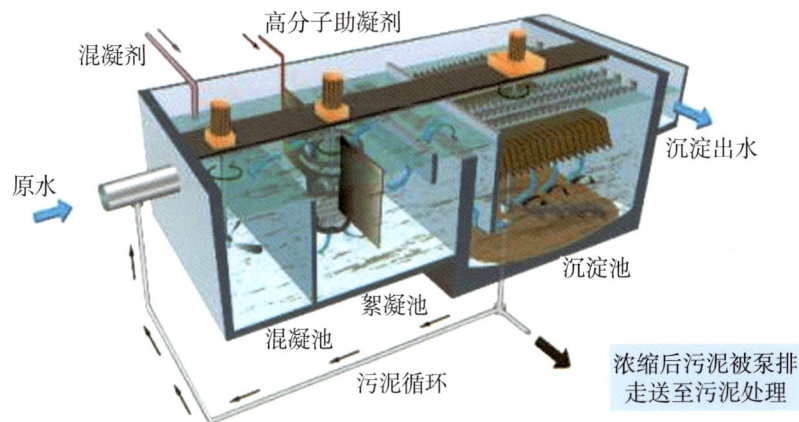

图 11.20 泥浆处理系统示意图

隧道排水量选用，优先选择离心水泵或长轴式离心抽水机，采用直径 100mm 钢管固定抽排，抽水泵必须有备用，如图 11.21 所示。

4. 施工现场沉淀池一般采用砖砌而成，也可以用混凝土浇筑。容量按施工生产排放废水多少确定，沉淀池的长宽比一般不小于 4，有效水深一般为 1.5 ~ 2m。同时应有防止泥浆、污物堵塞排水管道预防措施，并应进行定期清理。

5. 矿山法隧道施工排水采用明排法，在洞侧边位置设集水沟，每隔 30m 设一个集水坑，通过抽水机引至洞外废水处理池。抽水机的排水能力大于排水量的 20% 以上，并配备潜水泵及发电机（备用电源），以做好停电时的应急排水工作。

11.4 水污染控制

1. 在施工现场应针对不同的污水，设置相应的处理设施，如沉淀池、隔油池、化粪池等，如图 11.22 所示。

2. 施工现场污水排放应达到国家标准《污水综合排放标准》GB 8978 的要求。

3. 污水排放应委托有资质的单位进行废水水质检测，提供相应的污水检测报告。

4. 保护地下水环境，采用隔水性能好的边坡支护技术，在缺水地区或地下水位持续下降的地区，基坑降水尽可能少地抽取地下水；当基坑开挖抽水量大于 50 万 m³ 时，应进行地下水回灌，并避免地下水被污染，自动回灌系统如图 11.23 所示。

5. 对于化学品等有毒材料、油料的储存地，应有严格的隔水层设计，做好渗漏液收集和处理，如图 11.24 所示。

11.5 污水处理

1. 必须设置三级沉淀功能的沉淀池，并做好及时清理沉淀物和下水道的检查和疏通工作（下水道的进口要有滤网）。制作沉淀池可采用砖砌后水泥抹光，但底板必须使用商品混凝土。沉淀池应设置外径尺寸长 ≥ 5500mm、宽 ≥ 2500mm、深 ≥ 1500mm，上沿口应离地面高度 ≤ 500mm，池壁和三级沉淀隔离壁厚度 ≥ 200mm，底板厚度 ≥ 200mm；设置围挡的占路工地，其沉淀池设置的外径尺寸可适度减少，但须满足排水量需要，如图 11.25 所示。

2. 沉淀池中，第一级污水进入池容量应占总容量的 30%，

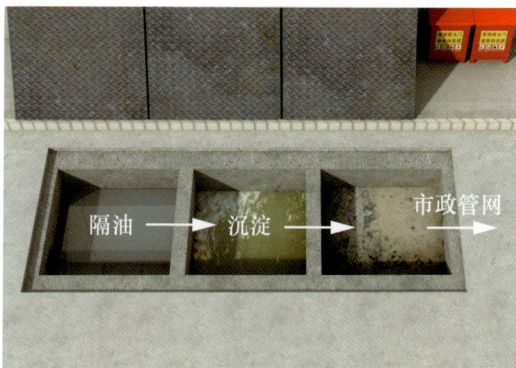

图 11.22 隔油池三维效果图

图 11.23 自动回灌系统

图 11.24 危险品仓库效果图

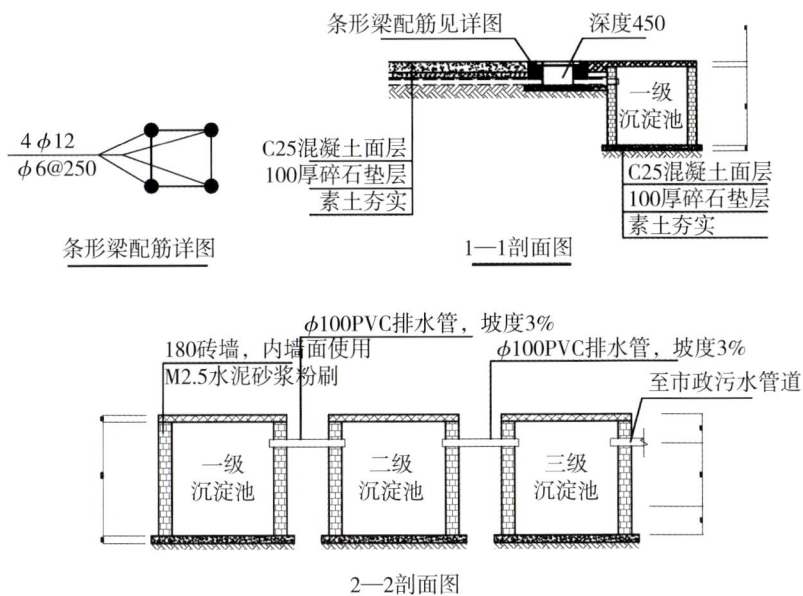

图 11.25 三级沉淀池示意图

图 11.26 三级沉淀池和洗车台布置示意图

第二级沉淀过滤池应占总容量的 20%，第三级清水循环利用（或清水排放）池应占总容量的 50%。隔离壁上溢水口和第三级清水排放口的溢水线高度应当取值于排水管槽中心线的相等高度（第二级或第三级使用水泵的除外）。

3. 沉淀池与洗车槽相连，有效水深为 1.5m，每处共设 3 个池子，长宽比为 5∶4，具体规格视现场条件和需要确定，一般不小于 1.5m×1.2m，内壁采用 C20 混凝土厚 100mm 的墙体间隔，如图 11.26 所示。

4. 施工现场沉淀池采用标准防护栏杆（参考基坑防护栏杆）

或采用标准网片覆盖。同时要设置防止泥浆、污物堵塞排水管道的设施。应派专人进行不定期的清理。

11.6 扬尘控制

11.6.1 降尘控制措施

1. 现场应建立洒水清扫制度，配备洒水设备，并应有专人负责。

2. 施工现场进出口设置冲洗池和刮泥板，应保持进出现场车辆保持清洁，如图 11.27 所示。

图 11.27　车辆冲洗设施效果图

图 11.28　车辆封闭运输三维效果图

图 11.29　高空垃圾清运示意图

3. 对裸露地面、集中堆放的土方应采取抑尘措施。

4. 运送土方、渣土等易产生扬尘的车辆应采取封闭或遮盖措施，如图 11.28 所示。

5. 易飞扬和细颗粒建筑材料应封闭存放，余料及时回收。

6. 易产生扬尘的施工作业应采取遮挡、抑尘等措施。

7. 拆除爆破作业应有降尘措施。

8. 高空垃圾清运应采用密封式管道或垂直运输机械完成，如图 11.29 所示。

9. 现场使用散装水泥有密闭防尘措施。

10. 现场应采用喷雾设备降尘。

11.6.2　场地内硬化降尘

1. 施工现场内除基坑开挖及围护结构施工区域外所有区域应进行场地硬化及绿化处理。

2. 施工现场内重车走道路应采用钢筋混凝土硬化处理，宽度宜为 6m，非重车行走道路可采用钢筋混凝土硬化处理，路面厚度不小于 200mm，现场施工道路应具备环基坑通行能力，兼做应急通道。

3. 路面应朝排水沟方向设计 8‰坡度，并行进拉毛，间隔 5m 设置伸缩缝，伸缩缝深度 100mm 左右（不断开），间隔 30m 设置施工缝。

4. 场区内车行、人行的地方必须硬化，其他目光所及处必须绿化，并与硬化场地有明显的隔离措施，如图 11.30 所示。

11.6.3　洒水降尘

1. 现场设环保员专门监督每日现场洒水降尘工作，根据天气情况制定洒水频率，大风起尘天气必须保证现场路面湿润不起尘，冬季 2℃以下禁止路面洒水，现场环保员做好洒水记录，现场降尘水源宜采用雨水收集水源或基坑降水收集水源，如图 11.31 所示。

图 11.30 现场道路硬化和绿化

图 11.31 雨水收集效果图

图 11.32 拆除作业降尘三维效果图

2. 现场破除等易起尘的施工作业时，应采用喷雾式设备降尘处理，如图 11.32 所示。

3. 施工现场易扬尘路段宜采用洒水设备进行降尘防尘处理。

4. 施工现场临时土方作业时，临时堆土必须进行全覆盖降尘处理。

5. 每个项目部根据场地大小至少配备一台洒水机动车或洒水推车，安排专人每天喷洒不少于 2 次，如图 11.33 所示。

11.7 光污染控制

图 11.33 现场洒水车洒水降尘

光污染是指燥光对环境产生的污染（注：燥光是环境污染物）。广义的光污染包括一些可能对人的视觉环境和身体健康产生不良影响的事物，包括生活中常见的书本纸张、墙面涂料的反光甚至是路边彩色广告反射的“光芒”等。日常生活中，人们常见的光污染的状况多为由镜面建筑反光所导致的行人和司机的眩晕感以及夜晚不合理灯光给人体造成的不适感。施工光污染主要有：夜间施工照明、电焊施工等。

11.7.1　光污染控制原则

1. 尽量避免或减少施工过程中的光污染，夜间室外照明灯加设灯罩，透光方向集中在施工范围，如图 11.34 所示。

2. 电焊作业采取遮挡措施，避免电焊弧光外泄。

11.7.2　光污染预防措施

1. 焊工操作者应经特种作业培训、考试合格。

2. 焊工及直接操作人员穿着长衣、封领、封袖、长裤、皮鞋防辐射。

3. 冷作工、水工、电工应学会个人保护，点焊侧身相协调，焊接躲开，如图 11.35 所示。

4. 设置活动屏挡，封闭围栏。

5. 鼓励集中入房加工焊接，避开人员集中时焊接，如图 11.36 所示。

6. 采用工装模具固定焊接，操作人员避开。

7. 对居民房有影响场所辐射面搭设挡光壁。

8. 对光污染采取"转、遮、控、禁"措施，严格要求夜间施工须避免灯光直射居民区，焊割等强光源作业须设置遮挡措施，照明系统的开关控制采用光控措施，如图 11.37 所示。

图 11.34　夜间施工照明灯加设灯罩

图 11.35　电焊操作效果图

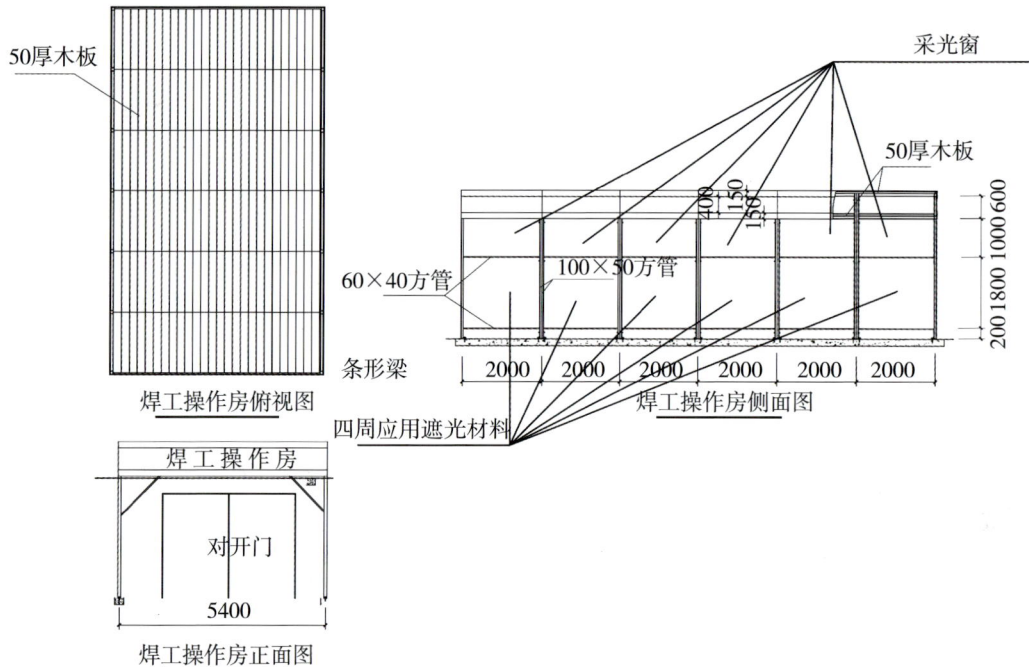

图 11.36　焊工操作房示意图

图 11.37 可移动电弧焊防护屏

图 11.38 场区隔声板三维效果图

图 11.39 设备隔声房效果图

11.8 噪声与振动控制

噪声设备应采取隔声措施

1. 施工现场距离居民区较近时，周边围挡宜采用具有隔声功能的隔音屏障，如图 11.38 所示。

2. 周边居民较少时，宜控制声源，在噪声设备周边设置隔声锌板或隔声岩棉，如图 11.39 所示。

3. 现场噪声排放不得超过国家标准《建筑施工场界环境噪声排放标准》GB 12523 的规定。

4. 在施工场界对噪声进行实时监测与控制。监测方法执行国家标准《建筑施工场界环境噪声排放标准》GB 12523。夜间（22:00 ～ 6:00）施工必须报有关部门办理夜间生产许可证，禁止大型运输车辆鸣笛，如图 11.40 所示。

图 11.40 施工现场夜间施工禁止鸣笛效果图

5. 使用低噪声、低振动的机具，采取隔声与隔振措施，避免或减少施工噪声和振动，如图 11.41 所示。

11.9 垃圾存放

1. 建筑垃圾应分类收集，集中堆放，垃圾分类存放分为可回收和不可回收两大类，如图 11.42 所示。

2. 制定建筑垃圾减量化计划，如住宅建筑，每万平方米的建筑垃圾不宜超过 400t。

3. 加强建筑垃圾的回收再利用，力争建筑垃圾的再利用和回收率达到 30%，建筑物拆除产生的废弃物的再利用和回收率大于 40%。对于碎石类、土石方类建筑垃圾，可采用地基填埋、铺路等方式提高再利用率，力争再利用率大于 50%。

4. 施工现场生活区设置封闭式垃圾容器，施工场地生活垃圾实行袋装化，及时清运。对建筑垃圾进行分类，并收集到现场封闭式垃圾房，集中运出，如图 11.43 所示。

图 11.41 振动棒数码变频控制柜和新型电子变频振动棒

图 11.42 建筑垃圾分类回收池

图 11.43 生活区封闭式垃圾房效果图

12

掘路管理

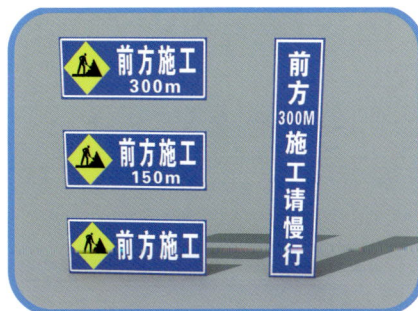

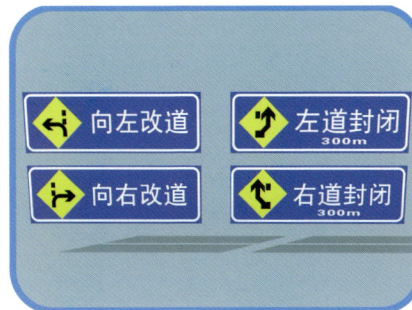

12.1 基本要求

1. 未经市政工程行政主管部门和公安交通管理部门批准，任何单位或者个人不得占用或者挖掘城市道路。

2. 因工程建设需要临时占用或挖掘城市道路的，应当持城市规划部门批准签发的文件和有关设计文件，到市政工程行政主管部门和公安交通管理部门办理审批手续，经批准后按照规定占用或挖掘。

3. 新建、扩建、改建的城市道路交付使用后 5 年内、大修的城市道路竣工后 3 年内不得挖掘；因特殊情况需要挖掘的，须经县级以上城市人民政府批准。

4. 埋设在城市道路下的管线发生故障需要紧急抢修的，可以先行破路抢修，并同时通知市政工程行政主管部门和公安交通管理部门，在 24h 内按照规定补办批准手续。

5. 经批准挖掘城市道路的，应当在施工现场设置明显标志和安全防围设施；竣工后，应当及时清理现场，通知市政工程行政主管部门检查验收。

6. 经批准占用或者挖掘城市道路的，应当按照批准的位置、面积、期限占用或者挖掘。需要移动位置、扩大面积、延长时间的，应当提前办理变更审批手续。

7. 占用或者挖掘由市政工程行政主管部门管理的城市道路的，应当向市政工程行政主管部门交纳城市道路占用费或者城市道路挖掘修复费。

12.2 掘路工程公示牌

1. 掘路工程施工现场须设置掘路工程公示牌，掘路工程两端面向道路来车方向各设置一块。内容包括：工程项目名称、施工范围、开竣工日期、建设单位、施工单位、管线行业主管部门、区行政管理监督部门、市政行政管理部门、负责人和联系电话、监督电话等。每 100m 长度拆卸组装式彩钢板蓝色平板围挡，须设置一块 600mm×500mm 小型公示牌，如图 12.1 所示。

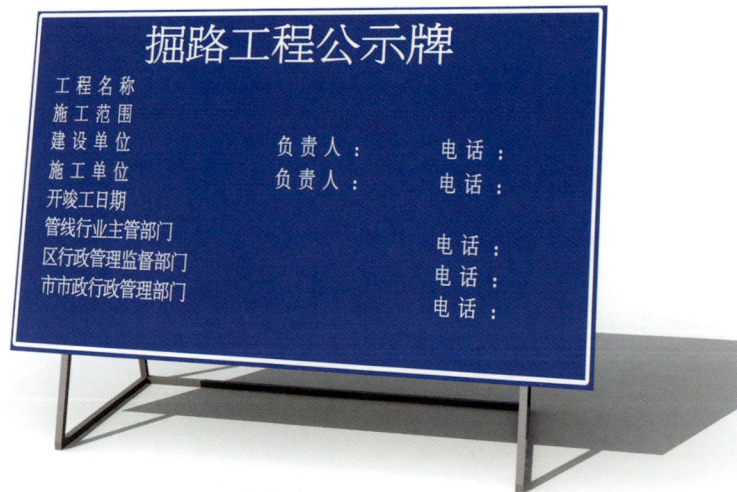

图 12.1　掘路工程公示牌

2. 公示牌材质要求：采用长 2m，宽 1.2m，厚度 2mm 铝块制成，四周双折边形成标牌底块，上贴国标工程级反光膜制成标牌画面，美观耐用。配合标牌架体上安装的带电池的主动发光的灯具，光亮度要求 200m 以外可见。

3. 公示牌样式：公示牌底色为蓝色，字体为白色，材质为工程级反光膜，边条为夜光蓄发光膜和橙色超高反光膜合成。背面为 3 道竖式铝制轨道固定在 ϕ48mm 锌管制成的抗风支架上，人立直视标牌中心高度为 1.6m。标牌支架前后贴有四处红白或黑黄相间警示的反光膜，每色块长度 150mm。支架两侧上端焊接牢固警示灯支架各一架，配有夜间施工警示灯两只，光照可见度达 200m 以外。

12.3 道路沟槽临时恢复和路面修复管理

1. 掘路工程施工单位掘路时须保护好原有地下管线，并严格按照规范及设计要求进行沟槽回填。

2. 掘路工程沟槽回填压实度在满足各专业管线工程施工与质量验收规范要求的同时，对位于道路路基范围内的沟槽回填部分，还应满足《城镇道路工程施工与质量验收规范》CJJ 1 对路基的压实度要求。

3. 掘路工程管线的埋设深度无法满足沟槽上路基压实度、弯沉设计及规范要求的，应对管线采取加固、包封等保护措施，以保证管线的安全及回填沟槽的稳定。

4. 掘路工程的监理单位应认真履行监管义务，加大对沟槽回填质量的监管力度。

5. 地下管线挖掘单位在开工前和沟槽回填前应当及时告知市政行政管理部门，并在沟槽回填完成后立即向市政行政管理部门申请验收。

6. 路基检测合格后签署书面移交单，由道路恢复单位对道路的恢复质量负责。市政道路掘路（包含抢修掘路工程）路面修复技术标准应严格执行《城镇道路工程施工与质量验收规范》CJJ 1、《城镇道路养护技术规范》CJJ 36，修复标准不得低于原道路结构技术标准。

7. 市政道路挖掘工程路面修复实行质量保修制度。在保修期内如出现路面病害，修复单位应当及时整改，并承担再次修复的费用。

12.4 夜间施工警示要求

1. 施工现场的起止点以及对车辆、行人通行安全有影响的位置，须设置危险警示闪灯，可见亮度达 200m 以外。在车行道上施工作业，须在来车方向提前设置施工警示牌、交通导向牌等，如图 12.2、图 12.3 所示。

2. 夜间、雾天、骤暗天气，须在作业区域边界上方设置警示闪灯或者悬挂 40W 以上红灯，相邻灯距不得大于 4m，如图 12.4、图 12.5 所示。

3. 因工程施工等原因导致各种管线井盖缺损或因新建、扩建、改建工程不能及时设置井盖的，施工单位须设置半通透式护栏进行围蔽并悬挂警示闪灯。在车辆、行人通行的地方施工，须设置沟井坎穴覆盖物和明显的施工标志牌。

图 12.2　交通导向牌

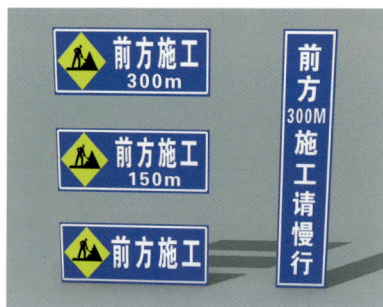

图 12.3　提示引导标志牌

图 12.4　夜间警示红灯

图 12.5　导向牌

4．工程施工应尽量避开交通高峰，确需限制车辆行驶或者实行交通管制的，须报市公安交通管理部门批准，并事先进行公告，施工时要在适当位置设置临时交通管制告示牌，如图12.6、图12.7所示。

5．施工人员必须统一着装，穿戴反光背心，并在服装上醒目处注明企业名称。

图 12.6　交通管制告示牌

图 12.7　导向标志示意图

13

道路养护

13.1 基本要求

1. 公路养护作业可分为长期养护作业、短期养护作业、临时养护作业和移动养护作业，并应根据养护作业类型制定相应的安全保通方案。

2. 长期养护作业应加强交通组织，必要时修建便道，宜采用稳固式安全设施并及时检查维护，加强现场养护安全作业管理；短期养护作业应按要求布置作业控制区，可采用易于安装拆除的安全设施；临时和移动养护作业控制区可在长期和短期养护作业控制区基础上，根据实际情况，在保障安全的前提下进行简化。

3. 公路养护作业应在保障养护作业人员、设备和车辆运行安全的前提下，充分考虑养护作业对交通安全保通状况的影响，保障交通运行。

4. 公路养护作业应利用可变信息标志、交通广播、网络媒体、临时性交通标志等沿线设施、信息服务平台，及时发布前方公路或区域路网内的养护作业信息。

5. 公路长期养护作业应组织制订养护安全作业应急预案。当发生突发事件时，应及时启动应急预案。

6. 养护作业前应了解埋设或架设在公路沿线、桥梁上和隧道内的各种设施，并与有关设施管理部门取得联系，采取必要的保护措施。当通航桥梁养护作业影响到航运安全时，应在养护作业前向有关部门通报。

7. 公路养护作业开始前应覆盖于养护安全设施相冲突的既有公路设施，结束后应及时恢复被覆盖的既有公路设施。

8. 公路养护作业未完成前，不得擅自改变作业控制区的范围和安全设施的布设位置。

9. 养护人员应按有关规定穿着反光服、佩戴安全帽。交通引导人员应面向来车方向，站在可视性良好的非行车区域内。

10. 公路养护作业人员必须在作业控制区内进行养护作业。人员上下作业车辆或装卸物资必须在工作区内进行。

11. 过渡区内不得堆放材料、设备或停放车辆。摆放的作业机械、车辆和堆放的施工材料不得侵占作业控制区外的空间，也不得危及桥梁、隧道等结构物的安全。

12. 公路养护安全设施在使用期间应定期检查维护，保持设施完好并能正常使用。用于夜间养护作业的安全设施必须具有反光性或发光性。

13. 夜间进行养护作业应布设照明设施和警示频闪灯，并应加强养护作业的现场管理。

14. 公路养护作业控制区安全设施的布设和移除，应按移动养护作业要求进行。安全设施布设顺序应从警告区开始，向终止区推进，确保已摆放的安全设施清晰可见；移除顺序应与布设顺序相反，但警告区标志的移除顺序应与布设顺序相同。

15. 公路检测宜根据作业时间按相反的养护作业类型布设作业控制区，并应加强现场检测作业管理。

13.2 养护维修作业前准备

1. 管线调查清晰，明确管线类型、走向、埋深、使用情况等信息，如图 13.1 所示。

2. 养护维修作业交通疏解方案经交警等有关部门批准后方可实施。

3. 公路安全养护设施符合《公路养护安全作业规程》JTGH 30 相关规定，道路倒行交通锥的尺寸、形状、颜色符合《道路交通标志和标线》GB 5768 的有关规定，如图 13.2、图 13.3 所示。

4. 成立交通协管领导小组，建立稳定、专职的交通管理队伍。

13.3 作业区交通疏导布置

1. 作业区交通疏解布置按《公路养护安全作业规程》JTGH 30 相关规定施做。

2. 按以下几类实施作业区布置，分高速公路及一级公路养护作业区布置、二、三级公路养护作业区布置、四级公路养护作业区布置、桥涵养护作业区布置、隧道养护作业区布置、平面交叉养护作业区布置、收费广场养护作业区布置、交通工程及沿线设施养护作业区布置、特殊路段及特殊气象条件养护作业区布置。

13.4 现场道路

1. 施工现场主要出入口地面必须铺设混凝土硬地坪，其长度要求为向内能接通场内路网，向外应接通市政道路。主干道路宽度不应小于 6m，一般道路宽度不应小于 4m，并应形成路网与主干道路相连。

参考做法：素土夯实、碎石持力层不少于 200mm 厚、现浇 C20 混凝土，混凝土厚度可根据不同场地调整但主要车行道路不

图 13.1　地下管线示意图

图 13.2　护栏示意图

图 13.3　路锥示意图

宜小于 200mm，一般非机动车使用道路不小于 100mm，如图 13.4 所示。

2. 生活区和办公区的人行道路应铺设宽 1.5m 以上的路面，有条件的应形成路网。

参考做法：素土夯实、碎石持力层、水泥砂浆。也可采用广场砖、碎石、卵石铺设的人行道路，如图 13.5 所示。

3. 仓库、材料堆放场、钢筋加工场、木材加工场、搅拌场、垃圾堆放场以及卷扬机操作棚等生产区域必须铺设混凝土硬地坪，有条件的应与场内路网相连。

参考做法：素土夯实、现浇 C20 混凝土，如图 13.6 所示。

4. 施工现场除按上述要求进行硬化处理之外，还有非硬化地面，应进行平整并绿化或覆盖，如图 13.7 所示。

5. 按照节能和环保的要求，具备条件的施工现场推荐使用预制混凝土快装路面和钢板路面，如图 13.8、图 13.9 所示。

图 13.4　混凝土路面

图 13.5　人行道

图 13.6　材料堆放场

图 13.7　场内绿化

图 13.8　预制混凝土路面

图 13.9　钢板路面

14

安全标志

14.1 基本要求

1. 各种标志标牌应根据现场需要贴挂，有针对性。

2. 安全标志分为禁止标志、警告标志、指令标志、提示标志四大类。

3. 禁止标志：禁止人们不安全行为的图形标志。

4. 警告标志：提醒人们对周围环境引起注意，以避免可能发生危险的图形标志。

5. 指令标志：强制人们必须做出某种动作或采取防范措施的图形标志。

6. 提示标志：向人们提供某种信息（如标明安全设施或场所等）的图形标志。

14.2 禁止标志

1. 禁止标志的基本形式是带斜杠的圆边框，如图 14.1 所示。

2. 禁止标志基本形式的参数如下：

外径 $d_1 = 0.025L$；

内径 $d_2 = 0.8d_1$；

斜杠宽 $c = 0.08d_1$；

斜杠与水平线的夹角 $\alpha = 45°$；

L 为观察距离。

3. 禁止标志，如表 14.1 所示。

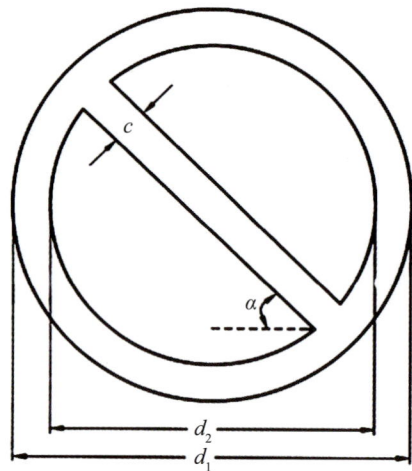

图 14.1 禁止标志的基本形式

禁止标志　　　　　　　　　　表14.1

编号	图形标志	名称	标志种类	设置范围和地点
1—1		禁止吸烟 No smoking	H	有甲、乙、丙类火灾危险物质的场所和禁止吸烟的公共场所等，如：木工车间、油漆车间、沥青车间、纺织厂、印染厂等
1—2		禁止烟火 No burning	H	有甲、乙类，丙类火灾危险物质的场所，如：面粉厂、煤粉厂、焦化厂、施工工地等

续表

编号	图形标志	名称	标志种类	设置范围和地点
1—3		禁止带火种 No kindling	H	有甲类火灾危险物质及其他禁止带火种的各种危险场所，如：炼油厂、乙炔站、液化石油气站、煤矿井内、林区、草原等
1—4		禁止用水灭火 No extinguishing with water	H.J	生产、储运、使用中有不准用水灭火的物质的场所，如：变压器室、乙炔站、化工药品库、各种油库等
1—5		禁止放置易燃物 No laying inflammable thing	H.J	具有明火设备或高温的作业场所，如：动火区，各种焊接、切割、锻造、浇筑车间等场所
1—6		禁止堆放 No stocking	J	消防器材存放处，消防通道及车间主通道等
1—7		禁止启动 No starting	J	暂停使用的设备附近，如：设备检修、更换零件等

续表

编号	图形标志	名称	标志种类	设置范围和地点
1—8		禁止合闸 No switching on	J	设备或线路检修时，相应开关附近
1—9		禁止转动 No turning	J	检修或专人定时操作的设备附近
1—10		禁止叉车和厂内机动车辆通行 No access for fork lift trucks and other industrial vehicles	J.H	禁止叉车和其他厂内机动车辆通行的场所
1—11		禁止乘人 No riding	J	乘人易造成伤害的设施，如：室外运输吊篮、外操作载货电梯框架等
1—12		禁止靠近 No nearing	J	不允许靠近的危险区域，如：高压试验区、高压线、输变电设备的附近

续表

编号	图形标志	名称	标志种类	设置范围和地点
1—13		禁止入内 No entering	J	易造成事故或对人员有伤害的场所,如:高压设备室、各种污染源等入口处
1—14		禁止推动 No pushing	J	易于倾倒的装置或设备,如:车站屏蔽门等
1—15		禁止停留 No stopping	H. J	对人员具有直接危害的场所,如:粉碎场地、危险路口、桥口等处
1—16		禁止通行 No throughfare	H. J	有危险的作业区,如:起重、爆破现场,道路施工工地等
1—17		禁止跨越 No striding	J	禁止跨越的危险地段,如:专用的运输通道、带式输送机和其他作业流水线,作业现场的沟、坎、坑等

续表

编号	图形标志	名称	标志种类	设置范围和地点
1—18		禁止攀登 No climbing	J	不允许攀爬的危险地点,如:有坍塌危险的建筑物、构筑物、设备旁
1—19		禁止跳下 No jumping down	J	不允许跳下的危险地点,如:深沟、深池、车站站台及盛装过有毒物质、易产生窒息气体的槽车、贮罐、地窖等处
1—20		禁止伸出窗外 No stretching out of the window	J	易于造成头、手伤害的部位或场所,如公交车窗、火车车窗等
1—21		禁止倚靠 No leaning	J	不能倚靠的地点或部位,如:列车车门、车站屏蔽门、电梯轿门等
1—22		禁止坐卧 No sitting	J	高温、腐蚀性、塌陷、坠落、翻转、易损等易于造成人员伤害的设备设施表面

续表

编号	图形标志	名称	标志种类	设置范围和地点
1—23		禁止蹬踏 No steeping on surface	J	高温、腐蚀性、塌陷、坠落、翻转、易损等易于造成人员伤害的设备设施表面
1—24		禁止触摸 No touching	J	禁止触摸的设备或物体附近，如：裸露的带电体，炽热物体，具有毒性、腐蚀性物体等处
1—25		禁止伸入 No reaching in	J	易于夹住身体部位的装置或场所，如有开口的传动机、破碎机等
1—26		禁止饮用 No drinking	J	禁止饮用水的开关处，如：循环水、工业用水、污染水等
1—27		禁止抛物 No tossing	J	抛物易伤人的地点，如：高处作业现场，深沟（坑）等

续表

编号	图形标志	名称	标志种类	设置范围和地点
1—28		禁止戴手套 No putting on gloves	J	戴手套易造成手部伤害的作业地点，如：旋转的机械加工设备附近
1—29		禁止穿化纤服装 No putting on chemical fibre clothings	H	有静电火花会导致灾害或有炽热物质的作业场所，如：冶炼、焊接及有易燃易爆物质的场所等
1—30		禁止穿带钉鞋 No putting on spikes	H	有静电火花会导致灾害或有触电危险的作业场所，如：有易燃易爆气体或粉尘的车间及带电作业场所
1—31		禁止开启无线移动通信设备 No activated mobile phones	J	火灾、爆炸场所以及可能产生电磁干扰的场所，如：加油站、飞行中的航天器、油库、化工装置区等
1—32		禁止携带金属物或手表 No metallic articles or watches	J	易受到金属物品干扰的微波和电磁场所，如磁共振室等

续表

编号	图形标志	名称	标志种类	设置范围和地点
1—33		禁止佩戴心脏起搏器者靠近 No access for persons with pacemakers	J	安装人工起搏器者禁止靠近高压设备、大型电机、发电机、电动机、雷达和有强磁场设备等
1—34		禁止植入金属材料者靠近 No access for persons with metallic implants	J	易受到金属物品干扰的微波和电磁场所，如：磁共振室等
1—35		禁止游泳 No swimming	H	禁止游泳的水域
1—36		禁止滑冰 No skating	H	禁止滑冰的场所
1—37		禁止携带武器及仿真武器 No carrying weapons and Emulating weapons	H	不能携带和托运武器、凶器和仿真武器的场所或交通工具，如：飞机等

续表

编号	图形标志	名称	标志种类	设置范围和地点
1—38		禁止携带托运易燃及易爆物品 No carrying flammable and explosive materials	H	不能携带和托运易燃、易爆物品及其他危险品的场所或交通工具，如：火车、飞机、地铁等
1—39		禁止携带托运有毒物品及有害液体 No carrying poisonous materials and harmful liquid	H	不能携带托运有毒物品及有害液体的场所或交通工具，如：火车、飞机、地铁等
1—40		禁止携带托运放射性及磁性物品 No carrying radioactive and magnetic materials	H	不能携带托运放射性及磁性物品的场所或交通工具，如：火车、飞机、地铁等

14.3 警告标志

1. 警告标志的基本形式是正三角形边框，如图 14.2 所示。

2. 警告标志基本形式的参数如下：

外边 $a_1 = 0.034L$；

内边 $a_2 = 0.7a_1$；

边框外角圆弧半径 $r = 0.08a_2$；

L 为观察距离。

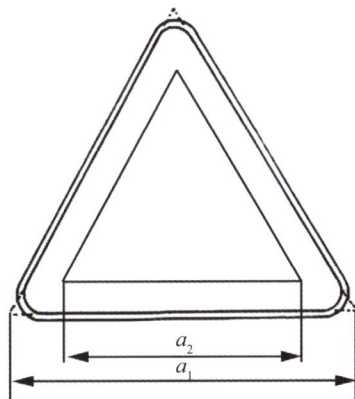

图 14.2　警告标志基本形式

3. 警告标志，如表 14.2 所示。

警告标志　　　　　　　　　　表14.2

编号	图形标志	名称	标志种类	设置范围和地点
2—1		注意安全 Warning danger	H.J	易造成人员伤害的场所及设备等
2—2		当心火灾 Warning fire	H.J	易发生火灾的危险场所，如：可燃性物质的生产、储运、使用等地点

续表

编号	图形标志	名称	标志种类	设置范围和地点
2—3		当心爆炸 Warning explosion	H.J	易发生爆炸危险的场所，如易燃易爆物质的生产、储运、使用或受压容器等地点
2—4		当心腐蚀 Warning corrosion	J	有腐蚀性物质（GB 12268–2005中第8类所规定的物质）的作业地点
2—5		当心中毒 Warning poisoning	H.J	剧毒品及有毒物质（GB 12268–2005中第6类第1项所规定的物质）的生产、储运及使用地点
2—6		当心感染 Warning infection	H.J	易发生感染的场所，如：医院传染病区；有害生物制品的生产、储运、使用等地点
2—7		当心触电 Warning electric shock	J	有可能发生触电危险的电器设备和线路，如：配电室、开关等

续表

编号	图形标志	名称	标志种类	设置范围和地点
2—8		当心电缆 Warning cable	J	有暴露的电缆或地面下有电缆处施工的地点
2—9		当心自动启动 Warning automatic start–up	J	配有自动启动装置的设备
2—10		当心机械伤人 Warning mechanical injury	J	易发生机械卷入、轧压、碾压、剪切等机械伤害的作业地点
2—11		当心塌方 Warning collapse	H.J	有塌方危险的地段、地区,如:堤坝及土方作业的深坑、深槽等
2—12		当心冒顶 Warning roof fall	H.J	具有冒顶危险的作业场所,如:矿井、隧道等

续表

编号	图形标志	名称	标志种类	设置范围和地点
2—13		当心坑洞 Warning hole	J	具有坑洞易造成伤害的作业地点,如:构件的预留孔洞及各种深坑的上方等
2—14		当心落物 Warning falling objects	J	易发生落物危险的地点,如:高处作业、立体交叉作业的下方等
2—15		当心吊物 Warning overhead load	J.H	有吊装设备作业的场所,如:施工工地、港口、码头、仓库、车间等
2—16		当心碰头 Warning overhead obstacles	J	有产生碰头的场所
2—17		当心挤压 Warning crushing	J	有产生挤压的装置、设备或场所,如:自动门、电梯门、车站屏蔽门等

续表

编号	图形标志	名称	标志种类	设置范围和地点
2—18		当心烫伤 Warning scald	J	具有热源易造成伤害的作业地点，如：冶炼、锻造、铸造、热处理车间等
2—19		当心伤手 Warning injure hand	J	易造成手部伤害的作业地点，如：玻璃制品、木制加工、机械加工车间等
2—20		当心夹手 Warning hands pinching	J	有产生挤压的装置、设备或场所，如：自动门、电梯门、列车车门等
2—21		当心扎脚 Warning splinter	J	易造成脚部伤害的作业地点，如：铸造车间、木工车间、施工工地及有尖角散料等处
2—22		当心有犬 Warning guard dog	H	有犬类作为保卫的场所

续表

编号	图形标志	名称	标志种类	设置范围和地点
2—23		当心弧光 Warning arc	H.J	由于弧光造成眼部伤害的各种焊接作业场所
2—24		当心高温表面 Warning hot surface	J	有灼烫物体表面的场所
2—25		当心低温 Warning low temperature/freezing conditions	J	易于导致冻伤的场所，如：冷库、汽化器表面、存在液化气体的场所等
2—26		当心磁场 Warning magnetic field	J	有磁场的区域或场所，如：高压变压器、电磁测量仪器附近等
2—27		当心电离辐射 Warning ionizing radiation	H.J	能产生电离辐射危害的作业场所，如：生产、储运、使用GB 12268-2005规定的第7类物质的作业区

续表

编号	图形标志	名称	标志种类	设置范围和地点
2—28		当心裂变物质 Warning fission matter	J	具有裂变物质的作业场所,如:其使用车间、储运仓库、容器等
2—29		当心激光 Warning laser	H.J	有激光产品和生产、使用、维修激光产品的场所
2—30		当心微波 Warning microwave	H	凡微波场强超过GB 10436规定
2—31		当心叉车 Warning fork lift trucks	J.H	有叉车通行的场所
2—32		当心车辆 Warning vehicle	J	厂内车、人混合行走的路段,道路的拐角处,平交路口;车辆出入较多的厂房、车库等出入口

续表

编号	图形标志	名称	标志种类	设置范围和地点
2—33		当心火车 Warning train	J	厂内铁路与道路平交路口,厂(矿)内铁路运输线等
2—34		当心坠落 Warning drop down	J	易发生坠落事故的作业地点,如:脚手架、高处平台、地面的深沟(池、槽)、建筑施工、高处作业场所等
2—35		当心障碍物 Warning obstacles	J	地面有障碍物,绊倒易造成伤害的地点
2—36		当心跌落 Warning drop(fall)	J	易于跌落的地点,如:楼梯、台阶等
2—37		当心滑倒 Warning slippery surface	J	地面有易造成伤害的滑跌地点,如:地面有油、冰、水等物质及滑坡处

续表

编号	图形标志	名称	标志种类	设置范围和地点
2—38		当心落水 Warning falling into water	J	落水后有可能产生淹溺的场所或部位，如：城市河流、消防水池等
2—39		当心缝隙 Warning gap	J	有缝隙的装置、设备或场所，如：自动门、电梯门、列车等

14.4 指令标志

1. 指令标志的基本形式是圆形边框，如图 14.3 所示。

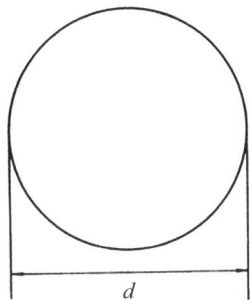

图 14.3 指令标志基本形式

2. 指令标志基本形式的参数如下：

直径 $d = 0.025L$；

L 为观察距离。

3. 指令标志，如表 14.3 所示。

指令标志 表14.3

编号	图形标志	名称	标志种类	设置范围和地点
3—1		必须戴防护眼镜 Must wear protective goggles	H.J	对眼镜有伤害的各种作业场所和施工场所
3—2		必须配戴遮光护目镜 Must wear opaque eye protection	J.H	存在紫外、红外、激光等光辐射的场所，如电气焊等
3—3		必须戴防尘口罩 Must wear dustproof mask	H	具有粉尘的作业场所，如：纺织清花车间、粉状物料拌料车间以及矿山凿岩处等
3—4		必须戴防毒面具 Must wear gas defence mask	H	具有对人体有害的气体、气溶胶、烟尘等作业场所，如：有毒物散发的地点或处理由毒物造成的事故现场

续表

编号	图形标志	名称	标志种类	设置范围和地点
3—5		必须戴护耳器 Must wear ear protector	H	噪声超过85dB的作业场所，如：铆接车间、织布车间、射击场、工程爆破、风动掘进等处
3—6		必须戴安全帽 Must wear safety helmet	H	头部易受外力伤害的作业场所，如：矿山、建筑工地、伐木场、造船厂及起重吊装处等
3—7		必须戴防护帽 Must wear protective cap	H	易造成人体碾烧伤害或有粉尘污染头部的作业场所，如：纺织、石棉、玻璃纤维以及具有旋转设备的机加工车间等
3—8		必须系安全带 Must fastened safety belt	H.J	易发生坠落危险的作业场所，如：高处建筑、修理、安装等地点
3—9		必须穿救生衣 Must wear life jacket	H.J	易发生溺水的作业场所，如：船舶、海上工程结构物等

续表

编号	图形标志	名称	标志种类	设置范围和地点
3—10		必须穿防护服 Must wear protective clothes	H	具有放射、微波、高温及其他需穿防护服的作业场所
3—11		必须戴防护手套 Must wear protective gloves	H.J	易伤害手部的作业场所，如：具有腐蚀、污染、灼烫、冰冻及触电危险的作业等地点
3—12		必须穿防护鞋 Must wear protective shoes	H.J	易伤害脚部的作业场所，如：具有腐蚀、灼烫、触电、砸（刺）伤等危险的作业地点
3—13		必须洗手 Must wash your hands	J	解除有毒有害物质作业后
3—14		必须加锁 Must be locked	J	剧毒品、危险品库房等地点

续表

编号	图形标志	名称	标志种类	设置范围和地点
3—15		必须接地 Must connect an earth terminal to the ground	J	防雷、防静电场所
3—16		必须拔出插头 Must disconnect mains plug from electrical outlet	J	在设备维修、故障、长期停用、无人值守状态下

14.5 提示标志

1. 提示标志的基本形式是正方形边框，如图 14.4 所示。

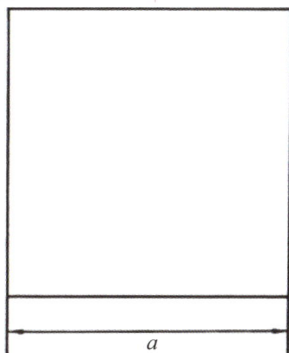

a

图 14.4 提示标志基本形式

2. 提示标志基本形式的参数如下：

边长 $a = 0.025L$；

L 为观察距离。

3. 提示标志，如表 14.4 所示。

提示标志 表14.4

编号	图形标志	名称	标志种类	设置范围和地点
4—1		紧急出口 Emergent exit	J	便于安全疏散的紧急出口处，与方向箭头结合设在通向紧急出口的通道、楼梯口等处
4—2		避险处 haven	J	铁路桥、公路桥、矿井及隧道内躲避危险的地点
4—3		应急避难场所 Evacuation assembly point	H	在发生突发事件时用于容纳危险区域内疏散人员的场所，如公园、广场等

续表

编号	图形标志	名称	标志种类	设置范围和地点
4—4		可动火区 Flare up region	J	经有关部门划定的可使用明火的地点
4—5		击碎板面 Break to obtain access	J	必须击开板面才能获得出口
4—6		急救点 First aid	J	设置现场急救仪器设备及药品的地点
4—7		应急电话 Emergency telephone	J	安装应急电话的地点
4—8		紧急医疗站 Doctor	J	有医生的医疗救助场所

14.6 安全标志牌使用要求

施工现场使用的安全标志牌应符合国家标准《安全标志及其使用导则》GB 2894。

1. 安全标志牌应设在与安全有关的醒目地方，并使大家看见后，有足够的时间来注意它所表示的内容。环境信息标志宜设在有关场所的入口处和醒目处；局部信息标志应设在所涉及的相应危险地点或设备（部件）附近的醒目处，如图 14.5 所示。

2. 安全标志牌不应设在门、窗、架等可移动的物体上，以免标志牌随母体物体相应移动，影响认读。标志牌前不得放置妨

图 14.5 标志牌示意图

图 14.6　标志牌示意图

图 14.7　多个标志牌设置示意图

图 14.8　附着式标志牌示意图

碍认读的障碍物，如图 14.6 所示。

3．标志牌的平面与视线夹角应接近 90°，观察者位于最大观察距离时，最小夹角不低于 75°。

4．标志牌应设置在明亮的环境中。

5．多个标志牌在一起设置时，应按警告、禁止、指令、提示类型的顺序，先左后右、先上后下地排列，如图 14.7 所示。

6．标志牌的固定方式分附着式、悬挂式和柱式三种。悬挂式和附着式的固定应稳固不倾斜，柱式的标志牌和支架应牢固地连接在一起，如图 14.8 ～图 14.10 所示。

14.7　安全标志设置高度

标志牌设置的高度，应尽量与人眼的视线高度相一致。悬挂式和柱式的环境信息标志牌的下缘距地面的高度不宜小于 2m；

图 14.9　悬挂式标志牌示意图

图 14.10　柱式标志牌示意图

局部信息标志的设置高度应视具体情况确定。

14.8　安全色及其用途

1．红色

（1）相应的对比色为白色；

（2）传递禁止、停止、危险或提示消防设备、设施的信息。红色用于各种禁止标志；交通禁令标志；消防设备标志；机械的停止按钮、刹车及停车装置的操纵手柄；机器设备转动部件的裸露部位；仪表刻度盘上极限位置的刻度；各种危险信号旗等，如图14.11所示。

2．黄色

（1）相应的对比色为黑色；

（2）传递注意、警告的信息。黄色用于各种警告标志；道路交通标志和标线中警告标志；警告信号旗等，如图14.11所示。

3．蓝色

（1）相应的对比色为白色；

（2）传递必须遵守规定的指令性信息。蓝色用于各种指令标志；道路交通标志和标线中的指示标志等，如图14.12所示。

4．绿色

（1）相应的对比色为白色；

（2）传递安全的提示性信息。绿色用于各种提示标志；机器启动按钮；安全信号旗；急救站、疏散通道、避险处、应急避难场所等，如图14.12所示。

图14.11　禁止标志和警告标志示意图

14.9　间隔条纹

1. 红色与白色相间条纹

用于交通运输等方面所使用的防护栏杆及隔离墩，固定禁止标志的标志杆上的色带等，如图 14.13 所示。

2. 黄色与黑色相间条纹

用于各种机械在工作或移动时容易碰撞的部位，如移动式起重机的外伸腿、起重臂端部、起重吊钩和配重；剪板机的压紧装置；冲床的滑块等有暂时或永久性危险的场所或设备；固定警告标志的标志杆上的色带等，如图 14.14 所示。

3. 蓝色与白色相间条纹

用于道路交通的指示性导向标志；固定指令标志的标志杆上的色带等。

4. 绿色与白色相间条纹

应用于固定指示标志杆上的色带等。

5. 安全色与对比色相间的条纹宽度应相等，即各占 50%，斜度与基准面呈 45°。宽度一般为 100mm，但可根据设备大小和安全标志位置的不同，采用不同的宽度，在较小的面积上其宽度可适当地缩小，每种颜色不能少于两条。

图 14.12　指令标志和提示标志示意图

图 14.13　禁止通过示意图

14.10 文字辅助标志

1. 文字辅助标志的基本形式是矩形边框。文字辅助标志有横写和竖写两种形式。

2. 横写时，文字辅助标志写在标志的下方，可以和标志连在一起，也可以分开。禁止标志、指令标志为白色字；警告标志为黑色字。禁止标志、指令标志衬底色为标志的颜色，警告标志衬底色为白色，如图 14.15 所示。

3. 竖写时，文字辅助标志写在标志杆的上部。

禁止标志、警告标志、指令标志、提示标志均为白色衬底，黑色字。标志杆下部色带的颜色应和标志的颜色相一致，如图 14.16 所示。

图 14.14　警告危险示意图

图 14.15　横写文字辅助标志图

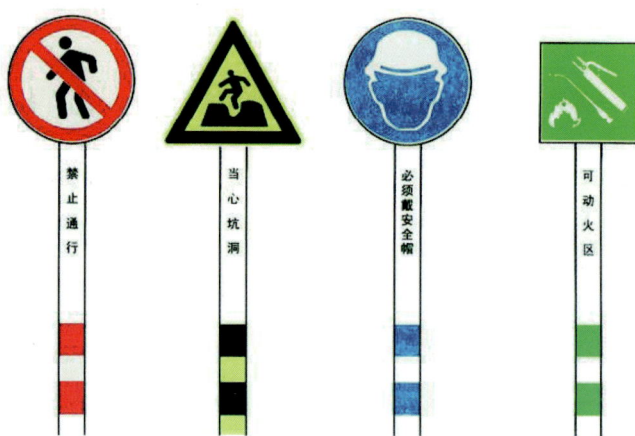

图 14.16　立柱式标志效果图